AF417467

HÁBITOS SMART

Pequeños cambios que lo cambian todo

Daniel J. Martin

La frecuencia es lo que marca la diferencia.

James Clear.

ÍNDICE

Nunca es tarde para cambiar

Tienes que cambiar.

¿Te suena esta frase? Seguro que la oyes con frecuencia. Seguro que incluso tú mismo te la dices a menudo. Y seguro que estás de acuerdo con ella. Tienes que cambiar, por eso te has interesado por este libro.

Pero ¿qué debes cambiar? ¿Y cómo?

Cambiar no es fácil. Si fuera fácil, no estarían las consultas de los psicólogos llenas de personas frustradas por no lograr sus objetivos, ni se estarían publicando continuamente estudios desde la neurología y la psiquiatría acerca de nuestros hábitos, ni se estarían haciendo de oro los *coachs*.

Cambiar cuesta, por eso, cuando intentamos modificar algo de nuestra conducta o nuestra rutina, la mayoría de las veces fracasamos y volvemos a hacer lo de siempre en vez de hacer lo que deberíamos. Es decir: nos quedamos con lo malo conocido antes de confiar en lo bueno por conocer. Y muchas veces ni siquiera somos conscientes de ello.

La resistencia al cambio

¿Por qué esta resistencia a lo que nos conviene?

En realidad, la resistencia no es a mejorar; la resistencia es a *cambiar*. A la incertidumbre que conlleva el proceso. Por eso, cualquier iniciativa para modificar la más mínima parte de nuestra conducta, incluso si esa iniciativa es por voluntad propia, se va a encontrar con una férrea oposición por parte de nuestro propio cerebro. Eso sucede porque, instintivamente, nuestro cerebro obedece a su parte más primitiva, la que solo piensa en mantenernos con vida invirtiendo la menor energía posible. Esa parte más primitiva se planta ante cualquier intento de mejora y nos dice: «Si hasta ahora hemos sobrevivido así, ¿por qué arriesgarnos a cambiar? ¿Y si nuestra vida empeora? ¿Y si fracasamos? Mejor seguir igual».

Nuestro propio cerebro nos mete miedo. Por eso, es muy posible que fracasemos si no preparamos bien el terreno antes de introducir alguna modificación en nuestro día a día. Porque nuestro cerebro nos va a boicotear, va a buscar la forma de desanimarnos para volver a las andadas, a conformarnos en vez de arriesgar.

Por eso, también, la única forma de desbloquear todo nuestro potencial es convencer a nuestro cerebro para que nos «permita» intervenir en nuestros hábitos.

De eso va este libro.

¿Por qué otro libro sobre hábitos?

Empecé a interesarme por el enorme potencial de los hábitos hace más de diez años. Por aquel entonces me di cuenta de algo que, aunque ahora me parece obvio, hasta ese día no me había siquiera planteado: todo el mundo tiene hábitos. Buenos o malos, todos nos movemos en base a rutinas que se han ido instalando en nuestro disco duro a medida que nos hemos hecho adultos.

Lo que quiero decir con esto es que NO PODEMOS NO TENER HÁBITOS. No existe esa opción. Incluso las personas más caóticas, desorganizadas y poco productivas del mundo se mueven por hábitos. En su caso son hábitos destructivos, pero son hábitos también.

La mayoría de los hábitos van a nuestro favor o en nuestra contra, no hay término medio: o nos ayudan o nos perjudican. Son poquísimos los hábitos realmente «neutrales». Así que, si tú no sigues hábitos saludables en tu alimentación, significa que sigues hábitos no saludables en tu alimentación. Si no tienes buenos hábitos de descanso, significa que tienes malos hábitos de descanso. Tus hábitos son tus aliados o tus enemigos.

Y aquí vienen las preguntas del millón:

- ¿Hasta qué punto somos dueños de nuestros hábitos?

- ¿Podemos cambiar hábitos que llevan décadas grabados en nuestro cerebro?

- Si es así, ¿estamos a tiempo de hacerlo?

Por suerte, la respuesta a estas preguntas es «sí»: Sí, somos dueños de nuestros hábitos; sí, podemos cambiarlos; y sí, siempre estamos a tiempo de hacerlo, tengamos la edad que tengamos.

Así que, si tú sientes que hay un hueco entre lo que eres y lo que te gustaría ser, si estás frustrado porque te has convertido en alguien por debajo de tu propio potencial, si vives los éxitos de los demás con envidia, humillación o enfado… Te alegrará saber que estás a tiempo de cambiar las cosas. Y si estás decidido hacerlo, deberás empezar por revisar y cuestionar tus hábitos de vida.

¿Por qué 7 pasos y por qué 30 días?

He estructurado este libro en 3 grandes bloques. Los dos primeros son teóricos, y el tercero, práctico.

- En el primer bloque encontrarás explicaciones sobre los hábitos: todo lo que necesitas saber acerca de su creación, funcionamiento y modo de intervención.

- En el segundo bloque hablaremos sobre hábitos concretos. En ese apartado descubrirás la lista de los 100 hábitos que considero imprescindibles para liberar nuestro potencial y convertirnos en nuestra mejor versión.

- En el tercer bloque veremos 7 sencillos pasos para transformar la teoría en práctica y lograr cambios reales y permanentes mediante una estrategia exclusiva y probada de hábitos personalizados.

¿Y los 30 días?

Hay varias teorías acerca del tiempo que necesitamos para instaurar un nuevo hábito, eliminar uno viejo o modificar alguno de los que ya tenemos para hacerlo más saludable o adaptarlo a una nueva situación. Phillippa Laly[1] asegura que necesitamos 66 días de media.

---

[1] La doctora Phillippa Laly es profesora en la Universidad de Surrey (UK), especialista en hábitos y conducta, y codirectora del Habit *Application and Theory Group (HabitAT), un grupo de investigación sobre los hábitos.*

James Clear[2] cree que es posible lograrlo en la mitad de tiempo, 30 días. Otros expertos más optimistas creen que son necesarias 3 semanas, incluso menos.

En mi opinión, y teniendo en cuenta que se trata de una media, coincido con Clear y creo que 30 días son suficientes para introducir un cambio. Eso sí: hay que ser constante, trabajar e ir de uno en uno, es decir, abordando un solo hábito cada vez.

Nunca es tarde para mejorar. Y nunca es tarde para eliminar lo que nos hace daño y liberar todo nuestro potencial. Solo necesitas 30 días y las herramientas adecuadas

Cada pequeño paso hacia un objetivo es un avance. Cada día sin andar es un retroceso. Así

---

[2] James Clear es escritor y divulgador en el ámbito del crecimiento personal, y es el autor del best seller *Atomic Habits*.

que ¡no perdamos más tiempo y empezamos a caminar!

Daniel

BLOQUE 1: EL CEREBRO

Qué son y como se forman los hábitos

Cómo funciona tu cerebro

Ya hemos hablado de nuestro cerebro primitivo, el que solo quiere mantenernos con vida y nos boicotea ante cualquier cambio que requiera esfuerzo. Pero, por suerte, tenemos algo más en la cabeza.

Durante mucho tiempo se ha defendido que en nuestro cerebro cohabitan 3 cerebros con responsabilidades distintas: el cerebro reptiliano, el cerebro límbico y el neocórtex. Para resumirlo, podríamos decir que el cerebro reptiliano (el primitivo) se encarga de mantenernos con vida, el cerebro límbico se encarga de hacernos sentir emociones como respuesta al entorno y el neocórtex se encarga de hacernos reflexionar.

Esta teoría, propuesta en la década de 1970 por el neurocientífico Paul MacLean, defendía que estas tres zonas cerebrales se corresponden con la evolución, es decir que, a más evolución, más «capas» en nuestro cerebro y mayor capacidad de sentir, aprender del entorno y reflexionar. Por eso, se decía que los humanos somos seres más complejos que el resto de los animales, ya que tenemos emociones y capacidad de reflexión. Hoy en día sabemos que esa superioridad no es tal: sin ir más lejos, los reptiles muestran capacidades de aprendizaje más allá de su biología y muchos animales sienten emociones con las que interpretan el entorno y se comunican igual que nosotros.

El planteamiento de MacLean, sin embargo, sí nos sirve para hablar de las estructuras límbicas, que son las encargadas de las emociones. ¿Qué son las emociones y qué relación tienen con los hábitos?

La neurocientífica Lisa Feldman Barrett [3] define una emoción como «la traducción que nos ofrece nuestro propio cerebro de las sensaciones percibidas en relación a lo que sucede a nuestro alrededor». Es decir: nuestro cerebro capta cosas externas (un rayo, por ejemplo), las interpreta (posible peligro) y nos da una explicación en forma de emoción (miedo) para que valoremos qué decisión tomar (protegernos de la tormenta).

Del mismo modo, nuestro cerebro límbico también genera emociones agradables ante experiencias beneficiosas con el fin de guiarnos hacia ellas. Es decir: las emociones sirven para aprender y tienen una función de adaptación al medio.

Sin embargo, y aquí viene el lío, nuestro cerebro también puede equivocarse al

---

[3] Lisa Feldman es profesora de psicología en la Northeastern University y autora del best seller *How Emotions Are Made.*

interpretar las cosas. Cuando eso ocurre, se genera una emoción «equivocada» con respecto a la realidad y tomamos una decisión igualmente equivocada.

Por eso es importante entender cómo se crea un hábito y qué relación guarda con nuestro espectro emocional.

Cómo nace un hábito

Definimos los hábitos como el conjunto de acciones interiorizadas que llevamos a cabo de forma automática, repetitiva y sin necesidad de reflexionar ni sentir gran cosa sobre ellas. Tenemos el hábito de desayunar, el hábito de sentarnos en el sofá al final del día, el hábito de arrancar nuestro coche para ir al trabajo, el hábito de remover el café con la cucharilla tras ponerle el azúcar, el hábito de agarrar el tenedor con la mano derecha si somos diestros, y al revés... Hace años que lo hacemos así y nuestro cerebro dedica muy poco esfuerzo a pensar y a generar emociones acerca de ello[4].

Todos esos hábitos dan respuestas conocidas a la mayoría de los momentos de nuestro día a día. De este modo podemos simplificar nuestra vida, permitiendo al cerebro que se libere de la tarea de reflexionar, sentir y decidir sobre acciones rutinarias para concentrarse en lo que requiere más atención.

Sin embargo, antes de convertirse en un hábito semiautomático, cada una de esas pequeñas acciones fue fruto de una primera decisión consciente. Hubo una primera vez. Esa primera acción obtuvo un resultado favorable y una emoción positiva, por lo que volvimos a hacer lo mismo ante la misma situación. Nuestro

---

[4] En uno de mis libros, *El poder de los hábitos*, profundizo en el análisis de su funcionamiento.

cerebro aprendió que esa era la manera de hacer las cosas y la acción se convirtió en hábito.

Si los hábitos facilitan la vida, ¿por qué no hemos adoptado ya los mejores hábitos posibles?

Ya hemos dicho que el cerebro no siempre interpreta correctamente la realidad, y a veces tampoco interpreta como positivos los beneficios potenciales de un nuevo hábito. Y hay una cosa más: aunque no lo parezca, tenemos hábitos para las 24 horas del día. Incluso si somos poco productivos y nos pasamos horas en el sofá, eso son hábitos que el cerebro reconoce.

En nuestras 24 horas diarias no caben hábitos nuevos. No te asustes, sí que caben, pero hay que hacerles hueco. ¿Cómo lo hacemos? Pensando en ellos como si fueran muebles. ¿Cómo introducirías muebles nuevos en una estancia que ya está llena de cosas? Pues solo tienes dos opciones: o quitar muebles viejos o ordenarlos mejor para que quepan los nuevos.

Para conseguir que un hábito nuevo se quede con nosotros, hay que hacerle espacio y no dejarlo en mitad de la sala y esperar no tropezarnos con él. Eso no va a funcionar.

El ciclo de un hábito

Como ya hemos dicho, nuestro día a día está compuesto de acciones que son hábitos. En cada hábito encontramos tres momentos consecutivos: el primero, cuando se activa el hábito (algo lo desencadena y lo hacemos casi sin darnos cuenta); el segundo, cuando ejecutamos el hábito; y el tercero, cuando se obtiene el resultado o recompensa de ese hábito.

El periodista especializado en productividad Charles Duhigg[5] denominó a esas tres fases **señal**, **rutina** y **recompensa**. Así lo explica él:

- La **señal** es el disparador externo que nos pone en contexto y nos pide una respuesta o acción. Por ejemplo: el semáforo se pone en verde (señal) >> levanto el pie del freno y me pongo en marcha automáticamente. El semáforo en verde es el desencadenante de mi rutina o hábito de continuar la marcha.

Muchas veces, la señal que desencadena un hábito es justo la finalización del anterior: Termino de remover el café, >> Saco la cucharilla >> Le doy dos golpecitos con la taza para que no gotee >> La dejo >> Tomo la taza para beber. Son hábitos modulados por varios

---

[5] Charles Duhigg ganó un premio Pulitzer en 2013 por sus investigaciones sobre hábitos empresariales, tanto individuales como colectivos.

pequeños hábitos encadenados donde cada uno funciona como señal del siguiente.

Para saber hasta qué punto tenemos interiorizada una señal, solo hay que intentar hacer lo contrario de lo que hacemos cuando esa señal se da. Por ejemplo: interpretar que el verde del semáforo significa rojo y el rojo, verde. ¿Cuánto nos costaría acostumbrarnos a la nueva situación? Seguramente, bastante tiempo. Eso es porque tenemos interiorizada esa señal. Cuanto más interiorizada está una señal, más nos va a costar modificar el hábito que la sigue.

- La **rutina** es la acción más o menos automática que realizamos tras captar la señal, es decir, es la ejecución del hábito: llego a casa al final del día y cierro la puerta con llave. Me quito las gafas e inmediatamente me froto los ojos con la mano para relajarlos.

- La **recompensa** es lo que obtenemos tras nuestra acción. Esa recompensa no es aleatoria ni nueva ni un «regalo»: es exactamente lo que esperamos que suceda cada vez que respondemos de una determinada forma a una señal. La recompensa puede ser tan simple como saber que el café estará azucarado tras removerlo.

Todo este ritual de señal > rutina > recompensa sucede sin que le hayamos prestado apenas atención. De no ser así, cada vez que el semáforo se pusiera en verde, tendríamos que reflexionar y decidir qué hacer, cada vez que echamos el azúcar al café, tendríamos que pararnos a experimentar las emociones que nos genera coger la cucharilla, etc.

Si nuestros hábitos son automáticos, ¿cómo vamos a **cambiarlos** a estas alturas?

Duhigg asegura que se puede introducir o cambiar cualquier hábito siempre que entendamos su ciclo. Vamos a verlo.

Cómo introducir un nuevo hábito

Imaginemos que queremos introducir un nuevo hábito en nuestra vida: irnos a dormir media hora antes por las noches. Es algo beneficioso y no debería suponer un problema, ¿no?

Ahora imaginemos que llevamos años pasando una hora frente al televisor después de cenar. Es nuestro momento para relajarnos, hablar con nuestra pareja o entretenernos con el móvil. Cuando el primer día lo recortamos media hora, sentimos que nos falta algo. Como si nos hubieran robado un trocito muy agradable del día. Encima, no nos dormimos antes, así que en realidad no hemos conseguido nada. Nos ponemos de mal humor.

Sin embargo, sabemos que dormir esa media hora más es importante. ¿Qué hacemos?

Lo primero, identificar las distintas partes del hábito, es decir, de esa hora de relax que queremos convertir en media hora. Hay que saber cuál es su **señal**, su **rutina** y su **recompensa**.

1. **La señal:** ¿Qué es exactamente lo que dispara esa rutina de una hora entera frente al televisor, es decir: qué sucede justo antes? ¿Es anticipar el capítulo de la serie durante la cena? ¿Es llevar los platos sucios a la cocina al terminar de cenar? ¿Es sentarnos en el sofá y tomar el mando del televisor?

2. **La rutina:** ¿Qué hacemos exactamente durante esa hora? ¿Charlamos, tomamos chocolate, entramos en las redes sociales, jugamos a un videojuego?

3. **La recompensa:** ¿Qué sentimos tras el punto anterior? ¿El placer de desconectar? ¿Del chocolate? ¿Reír con las publicaciones en TikTok? ¿Todo a la vez? Si no estamos seguros, debemos probar a eliminar una de esas opciones y mantener el resto del ritual: una noche probamos a estar toda la hora sin encender el televisor (ni hacer nada nuevo en sustitución), otra noche, sin el móvil, otra, sin chocolate… ¿Qué es exactamente lo que nos reconforta?

Una vez lo tenemos claro, hay que buscar la manera de compensar lo que sacrificamos. Una forma de hacerlo sería buscar una recompensa alternativa lo más parecida a la que tenemos ahora:

- Si se trata de ver una serie, tal vez buscar series de capítulos cortos (por ejemplo, de 20 minutos en vez de una hora), sea una opción.

- Si lo que nos gusta es sentir cómo nos entra el sueño poco a poco, podemos escuchar un podcast de relajación en la cama para acelerar el proceso.

- Si nos gusta hablar con nuestra pareja, podemos llamarla de camino a casa al salir del trabajo y empezar la conversación.

De ese modo no eliminamos el hábito, sino que lo modificamos en nuestro propio beneficio. Esa es la clave.

El poder de las pequeñas acciones

Todos los expertos en hábitos coinciden en centrar los esfuerzos en mini gestos rutinarios en vez de grandes cambios radicales. ¿Por qué? Porque esos pequeños gestos son sencillos y se vuelven poderosos con la repetición.

Te pondré un ejemplo obvio: ¿Qué será más efectivo al cabo de un año, haber ido dos días al mes al gimnasio, 5 horas seguidas cada vez, o haber hecho 8 minutos de ejercicios cada uno de los 365 día del año? Te sorprendería la diferencia de resultados entre ambos.

Mini hábitos: los David contra Goliat

Ya conocemos la famosa historia de David, un pastor humilde y sin armas que venció a un terrible gigante. Pues bien, los mini hábitos pueden considerarse los David contra Goliat, en una comparación donde los Goliats serían los malos hábitos que arrastramos desde hace tiempo y los David, las pequeñas acciones aparentemente insignificantes que terminan por derrumbarlos.

Un mini hábito es un acto consciente, voluntario y breve que nos comprometemos a repetir cada día. Es el primer ladrillo de un gran edificio. Cualquier cambio que queramos introducir en nuestra vida debe empezar con un mini hábito si queremos que ese cambio permanezca. Por ejemplo: Si queremos convertirnos en escritores y publicar nuestra novela en seis meses, podemos proponernos escribir tres mil palabras al día. Pero va a ser complicado si no estamos acostumbrados, así que, antes de las tres mil palabras, podemos empezar por exigirnos cien palabras al día. Solo eso. Cien palabras se escriben en media hora.

Lo importante es que sean pasos y acciones tan breves e insignificantes que no nos importe hacerlos cada día. El truco está en que requieran muy poco tiempo y fuerza de voluntad por nuestra parte.

¿Qué ocurrirá con esos mini hábitos con el paso del tiempo? Que, si lo hacemos bien, nuestra propia resistencia desaparecerá y nuestra mente nos pedirá más.

Motivación vs fuerza de voluntad

Aunque son términos parecidos, motivación y fuerza de voluntad no son lo mismo ni son igual de eficaces a la hora de implementar y mantener hábitos.

La motivación es básica, pero es volátil, porque se genera desde nuestra parte emocional y depende de factores circunstanciales y sociales. La fuerza de voluntad es impermeable: solo responde a la razón y al compromiso, al margen de cómo nos sintamos a cada momento.

Ambas son necesarias: es muy difícil entrenar nuestra fuerza de voluntad sin una motivación inicial, y es muy difícil confiar nuestros propósitos solo a la motivación, porque esta puede apagarse antes de tiempo. Por usar una metáfora automovilística, la motivación es la chispa necesaria para encender el motor y la fuerza de voluntad es lo que nos permite avanzar una vez hemos arrancado.

Disciplina en las funciones ejecutivas

La fuerza de voluntad tampoco es una dinámica fija ni inamovible: crece cuando se entrena con disciplina.

La (auto)disciplina va de actuar conforme a una decisión tomada de antemano y no de acuerdo a los sentimientos que nos surjan en el momento de la acción. La autodisciplina va ligada a un compromiso adquirido, y no al deseo de lograr algo (insisto: el deseo, la motivación, son necesarios, pero no suficientes).

En el campo de los hábitos, la disciplina es lo que usamos para convertir una acción voluntaria y consciente (subir cuatro pisos por las escaleras en vez de usar el ascensor), en un hábito automático del que ya no tengamos que preocuparnos en el futuro.

¿Cómo se da ese cambio en nuestro cerebro?

Ya hemos dicho que nuestro cerebro está formado por varias regiones con funciones distintas. En la parte delantera del cráneo, tras la frente, se encuentra la corteza prefrontal, que es la responsable de las **funciones ejecutivas**. Las funciones ejecutivas son las acciones que realizamos conscientemente tras un proceso cognitivo voluntario: tomar una decisión, organizar las tareas diarias y darles un orden según prioridad, anticipar posibles problemas en un proyecto en función de nuestra experiencia previa, planificar, adecuar nuestro comportamiento social a cada momento, centrar la atención de forma voluntaria en algo, inhibir las conductas agresivas, etc.

¿Cómo afecta la autodisciplina a todas esas funciones ejecutivas? Las investigaciones neurológicas muestran una relación directa entre el nivel de **actividad cerebral y el de autodisciplina**: cuanto mayor es nuestra autodisciplina, más intensa es la actividad en la corteza prefrontal, lo que significa que el cerebro está manejando más opciones para abordar las tareas que dependen de nuestras funciones ejecutivas.

Por ejemplo: ante un estímulo que nos llama la atención (un mensaje que oímos entrar en el móvil), nuestro cerebro empieza a trabajar para dar una respuesta a la situación. ¿Es conveniente mirar la pantalla del móvil? ¿Es seguro? ¿Qué podemos obtener de ello? ¿Merece la pena esperar?

Imaginemos que estamos en mitad de nuestra rutina de ejercicios. En esas circunstancias, una corteza prefrontal disciplinada concluirá que no debe parar para mirar el móvil, ya que supone la pérdida inmediata del ritmo y la distracción del objetivo, que es realizar la rutina de ejercicios con eficacia. En ese caso, el cerebro disciplinado podrá ignorar la tentación sin demasiado esfuerzo. En cambio, si eso le ocurre a alguien débil en términos de autodisciplina, su cerebro no tendrá tan claro el compromiso con los objetivos, y no sabrá si es mejor responder. Como consecuencia, le será fácil caer en la tentación.

La autodisciplina nos ayuda a permanecer enfocados. Incluso frente a estímulos desconocidos, el cerebro disciplinado tiene más claros los objetivos y el compromiso que el cerebro que no tiene pistas porque está obligado a improvisar continuamente.

La importancia del PORQUÉ

El camino hacia la formación de hábitos saludables y la automejora es, en su esencia, una travesía íntima y personal. En esta travesía, la importancia de un 'porqué' trasciende la mera conceptualización de objetivos; se convierte en la fuerza vital que nutre nuestra motivación y alimenta nuestra fuerza de voluntad.

Al reflexionar sobre los capítulos anteriores, entendemos que tanto la motivación como la fuerza de voluntad son pilares fundamentales en el proceso de cambio. Sin embargo, estas fuerzas, aunque poderosas, son en sí mismas volátiles y susceptibles a las vicisitudes de nuestra vida diaria. Aquí es donde el 'porqué' adquiere un papel crucial, actuando como un faro constante en un mar de incertidumbres y fluctuaciones emocionales.

Un 'porqué' bien definido y profundamente personal es lo que nos mantiene enraizados en nuestros propósitos, especialmente en los momentos de duda o debilidad. En días donde la motivación flaquea, recordar el motivo por el cual iniciamos este camino puede ser la chispa que reavive nuestro compromiso. En momentos donde la fuerza de voluntad parece ceder ante las tentaciones, el 'porqué' nos recuerda el valor y la importancia de nuestras metas, impulsándonos a persistir.

El 'porqué' no es simplemente una razón; es una narrativa emocional que conectamos con nuestras metas y aspiraciones. Si nuestro objetivo es adoptar hábitos de ejercicio, el 'porqué' podría ser el deseo de vivir una vida larga y saludable para disfrutar con nuestros seres queridos. Si buscamos mejorar nuestra productividad, el 'porqué' puede residir en el anhelo de realizar nuestras pasiones y contribuir de manera significativa al mundo que nos rodea.

Este capítulo prepara el terreno para el siguiente, donde discutiremos los Hábitos SMART. Al integrar nuestro 'porqué' en el proceso de implantación de nuevos hábitos infundimos en cada paso un sentido de propósito y dirección. Cada hábito que formamos, cada pequeña acción que emprendemos, se vuelve una expresión tangible de ese 'porqué', fortaleciendo nuestra resiliencia y determinación.

Así, al embarcarnos en la creación y mantenimiento de nuestros hábitos, recordemos siempre mantener nuestro 'porqué' en primer plano. Es este 'porqué' el que transformará la tarea de formar hábitos de un ejercicio de disciplina a un acto de autorealización y crecimiento personal.

Qué es un Hábito SMART

Bueno, ya tenemos la que considero la piedra angular del proceso de creación de un nuevo hábito: un porqué RELEVANTE.

Para implantar un nuevo hábito, como con cualquier otro objetivo que nos propongamos en la vida, encontrar un porqué relevante (para nosotros) es el primer paso, y sin duda el más importante, para lograrlo.

Como dijo Friedrich Nietzsche:

"Aquél que tiene un porqué puede soportar casi cualquier cómo."

¿Quiere decir esto que si encontramos un porqué lo suficientemente importante tenemos garantizado el éxito?

Pues en muchas ocasiones sí, pero habrá veces en las que, por uno u otro motivo, ese porqué no sea suficiente. Precisamente para esas veces (para ese "casi" de Nietzsche) he desarrollado lo que he denominado Hábitos SMART.

Los Hábitos SMART están basados en el concepto de objetivos SMART —del que tanto he hablado en otros de mis libros—, pero aplicado específicamente al campo de los hábitos.

La palabra SMART (listo, inteligente, en inglés) es un acrónimo en el que cada letra identifica un aspecto esencial a la hora de definir un nuevo hábito: Specific, Measurable, Achievable, Relevant y Time-bound.

1. Hábitos Específicos (Specific)

Un hábito SMART comienza por ser específico. Un hábito vago, poco concreto, es como un destino sin mapa; no sabes hacia dónde te diriges. Por ejemplo, en lugar de decir "Quiero hacer más ejercicio" (hábito poco concreto), define qué tipo de ejercicio, cuánto tiempo y con qué frecuencia. Podría ser "Caminar 30 minutos después de la cena todos los días laborables". Esta especificidad elimina la ambigüedad y te brinda un marco claro de lo que necesitas hacer. Lo hace concreto y, por lo tanto, fácilmente comprensible.

2. Hábitos Medibles (Measurable)

La medibilidad es esencial para el seguimiento de tus hábitos. Si no puedes medirlo, ¿cómo sabrás si estás progresando? Continuando con el ejemplo anterior, medir tu hábito podría implicar llevar un registro de los días que efectivamente caminaste los 30 minutos propuestos. Esto te permite observar tu consistencia y hacer ajustes si es necesario.

3. Hábitos Alcanzables (Achievable)

Un hábito debe ser realista y alcanzable. Establecer metas demasiado ambiciosas desde el principio puede llevar a la frustración y el abandono del hábito. Si actualmente no haces mucho ejercicio, comenzar con una meta de correr un maratón en un mes es poco realista. En cambio, el hábito de caminar 30 minutos es más factible y, por lo tanto, más probable que lo mantengas a largo plazo.

4. Hábitos Relevantes (Relevant)

Tus hábitos deben ser relevantes para tus metas y valores personales. Deben tener un "porqué" claro que resonará contigo. Si valoras el tiempo en familia, un hábito como "Caminar 30 minutos al día con mi pareja" no solo mejora tu salud, sino que también fortalece tu relación, alineándose con lo que es importante para ti.

5. Hábitos Temporales (Time-bound)

Finalmente, un hábito SMART tiene una dimensión temporal. Esto significa establecer un marco de tiempo para revisar y evaluar tu progreso. Podrías decidir, por ejemplo, revisar tu hábito de caminar después de un mes. Esto te da la oportunidad de celebrar tus éxitos, reflexionar sobre los desafíos y hacer los ajustes necesarios.

Aplicando los Hábitos SMART en la Vida Diaria

Implementar hábitos SMART no es solo una técnica, es un cambio de enfoque. Requiere reflexión, claridad y un compromiso consciente con tus objetivos. Empieza por identificar un área de tu vida que deseas mejorar o un valor que quieres reflejar más en tus acciones diarias. A partir de ahí, desarrolla un hábito SMART que responda a esa necesidad o valor.

Recuerda que el desarrollo de hábitos es un viaje, no un destino. Habrá días en que te desvíes del camino, y eso está bien. Lo importante es tener la claridad y la estructura que los Hábitos SMART ofrecen para guiarte de regreso al sendero.

BLOQUE 2: LOS HÁBITOS

101 hábitos para cambiarlo todo

1. Hábitos de salud

Los hábitos de salud son las rutinas y acciones encaminadas a preservar el bienestar, y son esenciales para mantenernos activos, en forma y sanos. Establecer rutinas saludables nos ayuda a prevenir enfermedades, mejorar el estado de forma y aumentar nuestra energía, al tiempo que contribuye a aumentar nuestra longevidad. La clave está en integrar pequeñas acciones en la vida diaria que puedan sostenerse a largo plazo, convirtiéndose en parte de nuestra rutina sin requerir un esfuerzo excesivo.

Aquí van algunos buenos ejemplos:

1. **Camina 30 minutos todos los días**: Caminar diariamente es una forma excelente de

mantener la salud cardiovascular, mejorar la circulación y aumentar la quema de calorías. Este hábito también puede reducir el riesgo de enfermedades crónicas como la hipertensión y la diabetes tipo 2. Además, caminar puede ser un excelente desestresante mental y una oportunidad para desconectarte de la rutina diaria.

2. **Haz 5-10 minutos de estiramientos por la mañana**: Los estiramientos matutinos ayudan a despertar el cuerpo, aumentar la flexibilidad y reducir la rigidez muscular. Esta práctica puede mejorar la circulación sanguínea y preparar los músculos y las articulaciones para las actividades del día. Además, es una manera efectiva de incrementar la movilidad y puede ayudar a prevenir lesiones.

3. **Bebe un vaso de agua antes de cada comida**: Tomar agua antes de las comidas puede ayudar a mejorar la digestión y

promover la saciedad, lo cual puede contribuir a un mejor control del peso. El agua antes de comer también puede ayudar a reducir el número de calorías consumidas durante la comida, lo que es beneficioso para el mantenimiento o la pérdida de peso.

4. **Limita las bebidas azucaradas o, mejor aún, sustitúyelas por agua**: Las bebidas azucaradas son una fuente significativa de calorías vacías y azúcares añadidos que pueden contribuir al aumento de peso, la diabetes tipo 2 y la caries dental. Sustituirlas por agua no solo reduce la ingesta de azúcar y calorías, sino que también contribuye a una hidratación adecuada, esencial para todas las funciones corporales.

5. **Incluye una porción de verdura en cada comida**: Las verduras son ricas en nutrientes esenciales, como vitaminas, minerales y fibra, pero bajas en calorías. Incorporar verduras en cada comida aumenta la ingesta de fibra, que

puede mejorar la salud digestiva y la saciedad, ayudando a controlar el peso. Además, el consumo regular de verduras está asociado con un menor riesgo de desarrollar enfermedades crónicas como enfermedades cardíacas, hipertensión y ciertos tipos de cáncer.

6. **Cambia el ascensor por las escaleras**: Utilizar las escaleras en lugar del ascensor es una forma sencilla de incrementar la actividad física diaria. Este cambio puede ayudar a mejorar la resistencia cardiovascular, fortalecer los músculos de las piernas y aumentar el gasto calórico, lo que contribuye al control del peso y a la salud cardiovascular.

7. **Baja una o dos paradas antes de tu destino**: Al bajarte del autobús o metro unas paradas antes, puedes incorporar más pasos a tu día, lo cual es beneficioso para tu salud cardiovascular y metabólica. Este hábito no solo aumenta tu actividad física diaria, sino

que también puede ayudarte a desconectar y disfrutar más del entorno.

8. **Sustituye el coche por bicicleta**: Andar en bicicleta es un excelente ejercicio cardiovascular que puede mejorar la fuerza y la flexibilidad, además de reducir el estrés. Usar la bicicleta para desplazamientos cotidianos también contribuye a la reducción de la huella de carbono, beneficiando así tanto tu salud como el medio ambiente.

9. **Practica 5 minutos de respiración profunda dos veces al día**: La respiración profunda puede ayudar a reducir el estrés, mejorar la concentración y estabilizar la presión arterial. Dedicar unos minutos al día a esta práctica puede ser una forma poderosa de calmar la mente y el cuerpo, especialmente en momentos de alta tensión.

10. **Toma un descanso de 5 minutos por cada hora de trabajo**: Tomar breves descansos

durante jornadas laborales prolongadas puede ayudar a mejorar significativamente la concentración y la productividad. Además, estos pequeños descansos son esenciales para la salud ocular y mental, especialmente cuando se trabaja frente a pantallas.

11. **Trata de dormir 7-8 horas cada noche**: Un sueño adecuado es crucial para la recuperación física y mental. Dormir entre 7 y 8 horas por noche puede mejorar la función cerebral, regular el apetito y fortalecer el sistema inmunológico. Además, un buen descanso nocturno está vinculado a un menor riesgo de enfermedades crónicas como la obesidad, la diabetes tipo 2 y las enfermedades cardíacas.

12. **Realizar ejercicios de fuerza de 2 a 3 veces a la semana**: El entrenamiento de fuerza no solo ayuda a construir y mantener la masa muscular, sino que también contribuye a la salud ósea, mejora el metabolismo y aumenta

la quema de calorías. Incluir rutinas de ejercicios de fuerza regularmente puede reducir el riesgo de lesiones y mejorar la calidad de vida general.

13. **Limita el tiempo frente a pantallas antes de dormir**: La exposición a la luz azul de las pantallas puede interferir con la producción de melatonina, la hormona que regula el ciclo del sueño. Limitar el uso de dispositivos electrónicos antes de acostarse puede ayudar a mejorar la calidad del sueño y reducir el tiempo que tardas en dormirte.

14. **Medita 10 minutos diarios**: La meditación puede reducir el estrés, mejorar la concentración y aumentar la sensación de calma y equilibrio emocional. Practicar la meditación diariamente, aunque sea por un corto periodo de tiempo, puede tener efectos positivos significativos en la salud mental y el bienestar general.

15. **Programa chequeos médicos anuales**: Mantener un calendario regular de visitas médicas puede ayudar a detectar problemas de salud antes de que se conviertan en condiciones serias. Los chequeos anuales permiten monitorear indicadores clave de salud y asegurar que cualquier tratamiento necesario se inicie de manera oportuna.

16. **Cambia tus snacks procesados por una opción más saludable**: Optar por snacks más saludables como frutas, nueces, o yogur en lugar de opciones procesadas puede mejorar tu ingesta de nutrientes y reducir el consumo de azúcares, grasas saturadas y calorías. Este cambio contribuye a mantener un peso saludable y aumenta tu energía diaria sin los bajones que suelen acompañar a los snacks altos en azúcar.

17. **Programa actividades al aire libre los fines de semana**: Dedicar tiempo para estar al aire libre durante los fines de semana puede

mejorar tu estado de ánimo y reducir los niveles de estrés. Las actividades como senderismo, ciclismo o simplemente pasear por un parque pueden fortalecer tu relación con la naturaleza y ofrecer beneficios físicos y mentales significativos.

2. Hábitos profesionales

Los hábitos profesionales son los comportamientos y las prácticas que contribuyen al éxito y la eficiencia en el entorno laboral, tanto a nivel individual como colectivo. Estos hábitos abarcan las acciones y actitudes que persiguen el profesionalismo, la ética y el compromiso con el trabajo.

Los hábitos de trabajo efectivos no solo mejoran la productividad, sino que también refuerzan las relaciones laborales, aumentan la capacidad de innovación y ayudan a manejar el estrés. Implementar acciones regulares y conscientes en tu entorno de trabajo puede llevar a mejoras significativas en tu carrera y satisfacción laboral.

A continuación, he listado los mejores hábitos profesionales que podemos adoptar para conseguir logros y éxitos en nuestra trayectoria profesional:

1. **Planifica tu día al inicio de la jornada laboral:** Cada mañana, dedica unos minutos a definir tus objetivos diarios y organiza tus tareas según su importancia y urgencia. Esta práctica te brindará claridad mental y te ayudará a enfocarte en lo importante, maximizando tu productividad desde el comienzo del día.

2. **Establece 3 objetivos diarios:** Antes de sumergirte en tu trabajo, identifica los tres objetivos clave que deberías lograr ese día y confirma que tienes claras las acciones necesarias para lograrlos. Si, al finalizar el día, no has podido abordar todo lo que te habías propuesto, asegúrate de que esas tres tareas prioritarias sí queden terminadas.

3. **Programa las reuniones o decisiones importantes en tus horas más productivas:** Organiza tus reuniones y decisiones estratégicas para que coincidan con las horas del día en las que te sientes con más energía y capacidad de concentración. Aprovecha tus picos de productividad para abordar discusiones importantes y tomar decisiones efectivas.

4. **Mantén tu espacio de trabajo ordenado:** Tanto en el entorno físico (despacho, taller, almacén, etc.), como digital (ordenador, archivos), mantener tu espacio de trabajo ordenado es fundamental para evitar la dispersión, la pérdida de documentos y la multiplicación de errores. Si organizas tus documentos, archivos y objetos de manera que sean fáciles de encontrar, trabajarás de manera más eficiente y rápida.

5. **Reserva un tiempo específico para los correos electrónicos:** La mayoría de los

correos que recibimos no requieren una respuesta inmediata, es decir, al minuto. Destina la primera media hora de tu jornada a enviar y responder correos y, luego, limita la revisión de tu correo a una vez cada dos horas, por ejemplo, para evitar interrupciones constantes y mantener el enfoque en tus tareas.

6. **Agrupa tareas similares:** Para optimizar tu eficiencia, reúne las tareas del mismo tipo en un solo bloque de tiempo. Esta técnica te permite abordar juntas las actividades que requieran un tipo de concentración similar por tu parte; por ejemplo: hacer llamadas a clientes, realizar pedidos a proveedores, revisar facturas… Así minimizas las interrupciones y aprovechas al máximo tu concentración en un solo tema.

7. **Agrupa las micro tareas:** Igual que hacíamos en el hábito anterior con tareas similares, reúne en un solo bloque de tiempo todas las

tareas que requieran menos de 5 minutos, y abórdalas seguidas. Eso te permitirá ahorrar mucho tiempo en interrupciones al transitar de una tarea a otra.

8. **Establece límites de tiempo y pausas:** Antes de comenzar una nueva tarea, decide cuánto tiempo le vas a dedicar. Si se trata de una tarea de muchas horas seguidas, utiliza estrategias de enfoque como la técnica del Pomodoro[6]. Se trata de usar un temporizador que marca bloques de tiempo (normalmente son de 25 minutos con 5 minutos de descanso tras cada uno). Así te aseguras de ir despejando la mente y no terminar exhausto.

9. **Separa claramente trabajo de tiempo libre:** Define cuándo ha terminado tu jornada

---

[6] Este recurso sirve para evitar desmotivarnos ante la perspectiva de pasar muchas horas o todo el día realizando una tarea agotadora mentalmente. Su inventor fue el italiano Francesco Cirillo, y se llama «del pomodoro» porque él usó un temporizador con forma de tomate que servía para controlar los tiempos de cocción.

laboral y desconéctate del trabajo a partir de ese momento –a menos que haya una urgencia extraordinaria que justifique lo contrario. Tener mentalmente claro cuándo termina tu tiempo productivo (por ejemplo, a las 18h), te servirá para recargar energías en tus momentos de descanso y recreación.

10. **Reflexiona sobre tus logros y errores al final del día:** Dedica 10 minutos al terminar cada jornada para revisar lo que has conseguido y los fallos que has podido cometido. Si los errores deben ser subsanados, inclúyelos en tu agenda o planificación para el día siguiente. Esta práctica te permite aprender de tus experiencias y ajustar tu enfoque para mejorar día a día.

11. **Planifica el día siguiente:** Antes de terminar tu jornada laboral, dedica los últimos 5 minutos a planificar las tareas que debas completar al día siguiente. Esto te permite comenzar la jornada con seguridad y

enfoque, maximizando tu productividad desde el principio.

12. **Realiza una reflexión semanal:** Cada viernes (o el día que termine tu semana laboral), tómate un tiempo para reflexionar sobre los éxitos logrados, los imprevistos y obstáculos sorteados, y las lecciones aprendidas. Ajusta tus acciones para la próxima semana en función de estas reflexiones.

13. **Planifica tu trabajo al inicio de cada mes:** Al empezar un nuevo mes, repasa las tareas que tienes previsto realizar durante ese período, incluyendo las tareas excepcionales como pagos de impuestos trimestrales, viajes por trabajo o declaraciones financieras. Esto te ayuda a controlar tus responsabilidades y a tenerlo (casi) todo bajo control.

3. Hábitos financieros

Los hábitos financieros son los que definen la relación de alguien con el dinero. Estos hábitos no tienen que ver solo con cuánto dinero gana una persona, sino con cómo se lo gana y cómo se lo gasta.

Unos buenos hábitos financieros son fundamentales para gestionar de manera efectiva tus ingresos, gastos y ahorros con el fin de garantizar tu seguridad e independencia económica. Desarrollar buenos hábitos financieros no solo te ayuda a evitar deudas innecesarias, sino que también te permite prepararte para el futuro, ya sea para la jubilación, la educación de tus hijos, o simplemente para tener un fondo de emergencia.

A continuación, he listado los mejores hábitos financieros que podemos adoptar:

1. **Crea presupuestos mensuales:** Acostúmbrate a llevar la cuenta de todos los ingresos y gastos mensuales fijos y, en base a ello, haz un presupuesto al inicio de cada mes para planificar los movimientos económicos de ese período. Esto te proporciona una visión clara de tu situación financiera, lo que te permite tomar decisiones informadas sobre gastos imprevistos, gastos previstos pero extraordinarios, posibilidades de ahorro, etc.

2. **Sigue la regla del 50/30/20**: Divide tus ingresos entre gastos esenciales (50 %), gastos importantes, pero no básicos (30 %), y ahorro/deudas (20 %). Esto te permite cubrir tus necesidades básicas, disfrutar de algunas

comodidades y asegurar tu futuro financiero o quitarte de encima deudas más rápidamente sin correr riesgos.

3. **Crea un fondo de emergencia:** Es imprescindible tener un fondo de seguridad. Eso te protegerá contra imprevistos serios, como la pérdida de empleo o grandes gastos inesperados, como tener que afrontar la compra de un coche nuevo. Reserva al menos tres a seis meses de gastos (es decir, la suma de dinero que necesitas para vivir de tres a seis meses), y no los toques si no es una situación de emergencia.

4. **Automatiza el ahorro:** Configura transferencias automáticas hacia tu cuenta o lugar de ahorro. Así evitarás la tentación de gastar ese dinero en otras cosas. Esto también te permite acumular fondos para metas de ahorro y jubilación de manera eficiente, evitando compras impulsivas.

5. **Paga las deudas regulares a tiempo:** Ya sea la tarjeta de crédito, la hipoteca, los impuestos o las cuotas del coche, evita cargos por pagos tardíos. De ese modo ahorrarás los sobrecargos y mantendrás un historial crediticio impecable, algo que también se pondrá a tu favor si tienes que solicitar créditos o adelantos.

6. **Analiza tus pagos recurrentes:** Si revisas tus facturas mensuales podrás identificar áreas donde reducir costos. Si tienes varias áreas donde el gasto es muy alto, busca opciones más económicas o renegocia contratos.

7. **Evita compras compulsivas:** Tómate un tiempo para reflexionar antes de realizar un desembolso importante en algo. Evalúa si realmente necesitas el artículo, si está dentro de tu presupuesto y si es el mejor momento para comprarlo. Esto te ayuda a evitar gastos de los que puedas arrepentirte y a mantener

una actitud responsable y respetuosa hacia el dinero que ganas trabajando.

8. **Establece metas financieras a medio y largo plazo:** Definir objetivos específicos te brinda un sentido de dirección y propósito en tus decisiones, tanto a nivel de gasto como de ahorro. Al elaborar un plan para alcanzar estas metas, te será más fácil mantener la motivación para lograr el éxito financiero a largo plazo.

9. **Estudia las compras importantes con tiempo:** Investiga y compara precios antes de adquirir compras voluminosas. Busca ofertas, períodos de descuento o financiación gratuita para no pagar de más. Ese tiempo invertido en estudiar el mercado te ayudará a maximizar el valor de tu dinero y a hacer compras más inteligentes.

10. **Edúcate financieramente:** Estar al día sobre temas financieros te permite tomar

decisiones más informadas y maximizar tus oportunidades de ahorro. Dedica algo de tiempo a educarte sobre inversión, impuestos o planificación patrimonial. A la larga, te proporcionará herramientas y estrategias para optimizar tu situación financiera.

11. **Establece un gasto / meta extraordinaria al año:** Esta meta extraordinaria no es un imprevisto ni debe pagarse con el dinero del fondo de emergencia. Es un objetivo que, en caso de dificultades, debe poder quedar aplazado para el siguiente año. Por ejemplo: cambiar el coche viejo, un viaje especial en familia, la matrícula a un máster, etc.

12. **Ten solo un préstamo en curso:** Ya sea la hipoteca, un crédito para pagarte los estudios o un préstamo para la reforma de la casa, ten presente esa deuda y no te embarques a pedir otros préstamos hasta que no hayas devuelto ese o lo tengas muy

controlado. La acumulación de deudas es una carga psicológica demasiado peligrosa.

13. **Invierte en ti mismo:** Destina parte de tu presupuesto para tu desarrollo personal y profesional. Ya sea mediante cursos, libros o entrenamientos, invertir en mejorar tus habilidades y competencias puede aumentar tu valor en el mercado laboral y abrir nuevas oportunidades de ingresos a largo plazo.

4. Hábitos mentales

Los hábitos mentales son el tipo de pensamientos y conclusiones mentales que sacamos de nuestra interacción con la realidad y que son repetitivos, es decir, que responden a un patrón. Podríamos decir que son los que definen nuestra actitud y enfoque ante problemas, retos, dificultades y alegrías de la vida. De ellos se derivan la mayor parte de nuestra decisiones y acciones.

Unos hábitos mentales o de desarrollo personal saludables son cruciales para mejorar nuestra calidad de vida y eficiencia en todos los aspectos, desde el trabajo hasta las relaciones personales. Estos hábitos refuerzan nuestra capacidad para manejar el estrés, fomentar la resiliencia, y promover un pensamiento claro y crítico.

A continuación, he listado los principales hábitos mentales que podemos adoptar para encarar de forma estratégica los desafíos de la vida:

1. **Desarrolla el pensamiento crítico:** Cuestiona la información antes de aceptarla como verdad absoluta. Analiza, investiga y reflexiona sobre lo que escuchas o lees para tener opiniones informadas. Este hábito te protege de noticias falsas o información engañosa, promoviendo una comprensión más profunda y precisa del mundo que te rodea.

2. **Enfoca tu mente en soluciones ante las crisis:** Si bien es importante reconocer la gravedad de una situación y no maquillarla, concentrarnos en encontrar soluciones en lugar de culpar o dramatizar nos permite

enfrentar los problemas con determinación y optimismo. Mantener una actitud positiva y proactiva te ayuda a superar obstáculos con más confianza y resiliencia.

3. **Cultiva la autoconfianza:** Confía en tus habilidades y conocimientos adquiridos a lo largo del tiempo. Reconoce tus logros y aprendizajes, y confía en tu capacidad para enfrentar los problemas y nuevos desafíos. Esta mentalidad de autoconfianza te ayudará a actuar con seguridad y determinación, superando la indecisión constante.

4. **Mantén una mente abierta y flexible:** Estar dispuesto a cambiar de opinión cuando surja nueva información te permite adaptarte y evolucionar con el tiempo. Reconoce que el conocimiento está en constante progreso y que tus creencias pueden modificarse a medida que aprendes y creces. Este enfoque te ayuda a evitar el estancamiento y a

mantener una mentalidad receptiva ante nuevos puntos de vista y perspectivas.

5. **Evita la rumiación constante sobre problemas del pasado o incertezas del futuro:** Enfocarte en el presente y en soluciones prácticas te ayuda a reducir el estrés y la ansiedad asociados con la rumiación constante y la tendencia al control excesivo.

6. **Evita compararte constantemente con los demás:** Reconocer y valorar tu propio camino y tus logros te permite desarrollar una autoestima saludable y a mantenerte enfocado en tus propias metas y valores. Si bien es positivo de vez en cuando ver en qué punto estamos en relación al conjunto, invertir energía en las comparaciones o las críticas a los demás o a uno mismo no contribuye a tener una mentalidad ganadora.

7. **Domina la comunicación efectiva:** Expresa tus ideas y pensamientos de manera clara, precisa y respetuosa. No impongas tus ideas ni trates de convencer a nadie por la fuerza. Desarrollar habilidades de comunicación efectiva fortalece tus relaciones personales, fomenta la colaboración y facilita la resolución de conflictos.

8. **Actúa en consonancia con tus pensamientos:** Alinea tus acciones con tus objetivos, pensamientos y valores para evitar la procrastinación y mantener el impulso hacia el éxito. Cultiva la disciplina y la perseverancia para mantener el enfoque en tus proyectos y metas, superando la tentación de abandonar ante desafíos o distracciones. Esta integración entre pensamiento y acción te llevará hacia la realización de tus aspiraciones.

9. **Adopta una mentalidad de crecimiento:** Acepta los problemas como oportunidades

para aprender. Cree en tu capacidad para desarrollarte y mejorar a lo largo del tiempo, abrazando tus errores como parte natural del proceso de aprendizaje. Esta mentalidad te impulsa a persistir ante la adversidad, cultivando la resiliencia y el optimismo incluso en situaciones difíciles.

10. **Combate los pensamientos negativos recurrentes:** Identifica y cuestiona tus pensamientos negativos intrusivos para erradicar las creencias limitantes. Practica la autorreflexión y la aceptación. Este enfoque te permite liberarte de patrones de pensamiento destructivos y promover la paz mental en tu vida diaria.

11. **Practica la escucha activa:** Escuchar a la gente que nos rodea sin juzgar y atrevernos a preguntar lo que no sabemos o no entendemos es básico para evitar malentendidos y presuponer cosas acerca de los demás.

12. **Háblate bien:** Tratarte a ti mismo con amabilidad y comprensión en momentos difíciles te ayuda a cultivar la resiliencia emocional y a mantener una actitud justa hacia ti mismo. La autocompasión te permite aceptar tus imperfecciones y aprender de tus errores sin juzgarte.

13. **Adopta una rutina de reflexión:** Reflexionar regularmente sobre tus experiencias te permite aprender de tus vivencias y mantener un enfoque consciente en tus metas y valores. La reflexión también te ayuda a tener presente lo que es importante para ti y a realizar ajustes necesarios para no desviarte de tus prioridades.

14. **Practica la gratitud diariamente:** Tomarse unos minutos cada día para pensar en las cosas por las que te sientes agradecido te ayuda a cultivar una mentalidad positiva y a apreciar las bendiciones en tu vida, lo que

puede mejorar tu bienestar emocional y tu satisfacción general.

5. Hábitos de pareja

Los hábitos de pareja o de amor son el conjunto de comportamientos, acciones y prácticas que promueven el afecto, el respeto y el bienestar emocional en la relación. Son hábitos como la comunicación efectiva, el apoyo mutuo, el tiempo de calidad y la atención a las necesidades emocionales dentro de la pareja.

Unos hábitos de pareja saludables son esenciales para mantener una relación sentimental satisfactoria. Si cultivamos prácticas diarias o semanales que fomenten la conexión y comprensión, podemos mejorar la relación a corto y largo plazo, además de prevenir conflictos y aumentar la autoestima.

Estos son algunos de los mejores hábitos en una relación de pareja satisfactoria:

1. **Fomentar y apoyar las metas individuales y compartidas:** Es básico apoyar y sentirse apoyado por la pareja en los proyectos, tanto si son conjuntos como individuales. Debemos encontrar el momento (por lo menos, una vez a la semana) para preguntar sobre los proyectos de la otra persona y exponer el estado de los propios.

2. **Probar algo nuevo cada semana:** Dedicar un día a la semana a nuevas experiencias en pareja, como cenar en un restaurante exótico, ir a una exposición o ver una película que no coincida con vuestros gustos. Esta aventura compartida fortalece el vínculo y promueve la comunicación y el aprendizaje en pareja.

3. **Abrazarse tres veces al día:** El abrazo fortalece el vínculo emocional y promueve la conexión íntima en la relación. Es un gesto de

cariño que libera endorfinas, reduce el estrés y aumenta la sensación de bienestar. Además, crea un sentido de seguridad y pertenencia, fomentando la confianza y la complicidad entre la pareja.

4. **Mantener la conexión en la distancia:** Si pasáis muchas horas (o días) separados, hay que buscar momentos para tener conversaciones telefónicas con atención plena, es decir, sin hacer otras cosas mientras se habla. Esta atención muestra cuidado mutuo y mantiene el vínculo emocional cuando no puede haber presencia física.

5. **Tener una afición conjunta:** Encontrar una actividad para disfrutar juntos, como salir a caminar, jugar al pádel, tener una noche a la semana de juegos de mesa, ir a conciertos, etc. Esta práctica alimenta la complicidad en pareja y permite momentos de aprendizaje y diversión juntos.

6. **Crear rituales propios:** Celebrar las fechas importantes, como la Navidad o los aniversarios, de una manera que sea única para vosotros. Estos rituales enriquecen la relación y crean recuerdos significativos que refuerzan la unión y celebran el amor de una forma especial.

7. **Disfrutar de ratos sin pantallas:** Estar una mañana o tarde del fin de semana sin distracciones digitales. Esta desconexión digital promueve una comunicación más profunda y significativa en la relación, cultivando momentos de comunicación sin interrupciones.

8. **Cuidar con gestos inesperados:** Realizar pequeños gestos hacia la otra persona para demostrar amor y aprecio. Estos gestos pueden ser favores o encargos no solicitados, renunciar a algunas cosas para priorizar un rato de compañía junto a la otra persona, etc. Esto también incluye interesarse por la familia

de la otra persona de forma genuina o compartir ratos con sus amigos.

9. **Expresar aprecio y gratitud:** Cultivar el hábito de expresar verbalmente lo que representa la otra persona para nosotros. Esta práctica promueve un ambiente de amor y respeto mutuo, creando un ambiente positivo de afecto y bienestar en el día a día de la relación.

10. **Resolver los conflictos sin perder las formas:** Aprender a discutir dentro de los límites del respeto y con el objetivo de encontrar soluciones en vez de dramas, recriminaciones o reproches. Evitar discutir para «llevar la razón». En vez de eso, tratar de entender el otro punto de vista y aprender a negociar.

11. **Respetar el espacio individual de cada uno:** Dedicar tiempo separados para intereses personales y crecimiento individual. Este respeto y tiempo a solas fortalece la

autonomía y promueve la confianza en la relación, creando un equilibrio saludable entre la pareja y la individualidad.

12. **Planificar un futuro juntos:** Una relación seria debe incluir proyectos a largo plazo. Esta visión compartida fortalece el compromiso y promueve la colaboración, construyendo un camino conjunto hacia un mañana compartido que sea ilusionante para ambos.

13. **Cultivar el buen humor y la risa:** Compartir momentos de diversión y risas juntos. Esta práctica fortalece la conexión emocional y promueve la alegría y la satisfacción en la relación, creando recuerdos llenos de felicidad y amor compartido.

14. **Halagar a la pareja en público:** Reconocer y elogiar las cualidades y logros del otro frente a los demás es un gesto de amor y admiración que fortalece la relación, creando

un ambiente de apoyo y afecto que se extiende hacia el entorno social.

15. **Evitar criticar a la pareja:** Mantener la confidencialidad y el respeto al comentar los desafíos de la relación con terceras personas. Esta práctica fortalece la confianza y la intimidad en la relación, evitando que otras personas tengan información de más que pueda debilitar la relación.

16. **Acostarse al mismo tiempo siempre que sea posible:** Compartir momentos íntimos antes de dormirse y cerrar el día juntos. Este tiempo fortalece la conexión emocional y promueve la comunicación y la intimidad en la relación, creando un espacio para compartir y reflexionar en compañía acerca de la jornada.

6. Hábitos familiares

Entendemos por buenos hábitos familiares todas aquellas acciones, dinámicas y rutinas encaminadas a promover la cohesión, el apoyo mutuo y la felicidad en la familia.

Estos hábitos son fundamentales para fomentar un entorno seguro y amoroso en el sí del hogar, e incluyen la comunicación regular, la colaboración y el establecimiento de tradiciones que refuercen los lazos familiares. Al implementar prácticas consistentes que promuevan el respeto y el cariño entre todos los miembros, la familia mejora su convivencia y enfrenta mejor los desafíos de la vida.

Aquí van algunos de los mejores hábitos familiares:

1. **Cenar todos los miembros del hogar juntos y sin dispositivos electrónicos:** Establecer por costumbre cenar toda la familia junta y sin televisión, móviles ni tabletas en la mesa. Este hábito fomenta la comunicación y el tiempo de calidad juntos. Al no haber distracciones, los miembros de la familia pueden conectarse entre sí, compartir sus experiencias diarias y fortalecer su relación.

2. **Salida mensual todos juntos:** Planificar una actividad fuera de casa una vez al mes, como ir de picnic, de excursión o pasar el día en el museo de la ciencia; y entenderlo como la salida del mes (al margen de otras actividades). Estos momentos de aventura y descubrimiento fortalecen los lazos familiares y proporcionan un tiempo valioso que se convertirá también en recuerdos compartidos.

3. **Visitar y estar en contacto regular con otros miembros de la familia:** Abuelos, tíos, primos, etc. Designar un día a la semana o al mes para tener encuentros con los miembros que no vemos a diario con el fin de promover la cohesión familiar.

4. **Tarde / noche de juegos en familia:** Reservar una noche a la semana para juegos de mesa o actividades divertidas que involucren a todos los miembros del hogar. Este hábito no solo proporciona momentos de diversión, sino que también fomenta la comunicación y el entendimiento entre todos los miembros de la familia.

5. **Proyecto familiar solidario o de voluntariado:** Participar en algún tipo de servicio comunitario, como la limpieza de playas, la ayuda durante las campañas solidarias de navidad, etc. Este hábito fomenta valores de empatía y responsabilidad social en los más pequeños,

promueve el trabajo en equipo y refuerza el sentido de propósito y conexión con los demás.

6. **Crear un álbum familiar o libro de recuerdos**: Dedicar tiempo conjunto a recopilar y elegir fotografías y recuerdos para montar un álbum familiar. Este proyecto no solo preserva la historia familiar, sino que también brinda a los mayores la oportunidad de compartir sus experiencias y recuerdos con las generaciones más jóvenes, fortaleciendo así los lazos intergeneracionales.

7. **Organizar actividades intergeneracionales:** Planificar actividades que involucren a miembros de diferentes edades de la familia, como cocinar un día juntos, hacer los preparativos de alguna fiesta o realizar manualidades. Estas actividades fomentan el respeto y la unión entre los miembros de la familia de todas las edades.

8. **Establecer rutinas de cuidado y acompañamiento de las personas mayores o vulnerables:** Crear rutinas para brindar apoyo a los mayores de la familia o a las personas que necesiten ayuda. Esto podría incluir ayudar con tareas domésticas, acompañar a citas médicas o pasar tiempo juntos para dar apoyo emocional.

9. **Promover el bienestar físico y mental de pequeños y mayores:** Fomentar las actividades físicas aptas para todos, como caminatas cortas. Ayudar al bienestar emocional fomentando la comunicación en confianza y respetuosa de todos los miembros de la familia.

10. **Elegir los momentos y las formas adecuadas para solucionar las diferencias:** Si hay temas por solucionar dentro de la familia extensa, decidir cómo y cuándo tratarlos, y evitar hacerlo en comidas familiares, aniversarios o Navidad. Evitar también extenderse en temas

sensibles donde haya puntos de vista distintos si no tienen que ver con el bienestar directo de la familia (política, movimientos sociales, modas, futbol, etc.).

11. **Evitar los hábitos nocivos en el núcleo familiar:** Evitar fumar, el alcohol, el desorden o la comida basura. Fomentar hábitos alimentarios saludables o la limpieza del hogar también es cuidar de la familia y del espacio compartido.

12. **Apoyar la autonomía y la toma de decisiones individual:** Aunque hay una edad para cada cosa, es recomendable animar a todos los miembros de la familia a tomar sus propias decisiones en contextos adecuados. Hay que evitar que la jerarquía familiar se vuelva excesivamente rígida o autoritaria. Este hábito preserva la dignidad y autoestima de todos los miembros de la familia.

7. Hábitos sociales

Los hábitos sociales saludables son los comportamientos y las prácticas que fomentan la conexión, la colaboración y el bienestar en nuestras interacciones con los demás. Estos hábitos incluyen desde la amabilidad hasta participar en actividades comunitarias. Estos hábitos no solo mejoran nuestro bienestar emocional, sino que también amplían nuestro apoyo social, lo que es fundamental para enfrentar los desafíos de la vida.

Aquí te dejo algunos de los principales hábitos para tener una vida social sana:

1. **Ten interés sincero por las personas con las que te relacionas:** Mostrar interés real por

cómo les van las cosas, por sus proyectos y aficiones, etc., demuestra tu disposición para compartir tiempo de calidad y experiencias con la gente que te rodea que sirvan a la vez de apoyo mutuo y de bienestar en compañía.

2. **Organiza reuniones de forma regular:** Planificar encuentros periódicos con amigos y compañeros (ya sea del trabajo, del gimnasio, etc.), fortalece los lazos y mantiene viva la amistad. Fijar fechas concretas en la agenda garantiza que estos encuentros se conviertan en una prioridad y no se posterguen.

3. **No olvidar fechas y aniversarios importantes:** Acordarse de momentos importantes de la vida de los demás es otra forma de cuidar y mostrar respeto por las relaciones.

4. **Conoce gente nueva:** Este hábito ayuda a ampliar la red de apoyo y te brinda diferentes

perspectivas y experiencias. Es una práctica que también fomenta la diversidad y la inclusión, enriqueciendo tu vida social y promoviendo nuevas conexiones y aprendizajes significativos.

5. **Busca apoyo en momentos difíciles:** Compartir las preocupaciones con amigos o familiares cercanos es un hábito básico para encontrar consuelo y soluciones constructivas. Cuando estamos agobiados, estresados o desesperanzados es cuando más debemos evitar el aislamiento social.

6. **Aléjate de personas tóxicas:** Es básico proteger el bienestar emocional mediante relaciones saludables que respeten los límites y la autonomía. Ante individuos que comprometen nuestra integridad, hay que establecer límites y alejarse todo lo que sea conveniente, cortando la relación si es necesario.

7. **Mantén el equilibrio entre vida privada y pública**: Entre el aislamiento social y pasar la vida entera en encuentros sociales hay un punto medio. Hay que encontrar ese punto para dedicar tiempo tanto a las relaciones personales como a uno mismo y mantener una armonía que permita el crecimiento en ambos ámbitos.

8. **Escucha activamente:** Practicar la escucha activa es fundamental al interactuar con amigos, especialmente si alguno se está enfrentando a dificultades. Ofrecer apoyo emocional y estar presente en esos momentos crea un ambiente de confianza y afecto mutuo. Esto implica tratar de comprender sus sentimientos y perspectivas sin juzgar ni tratar de imponer soluciones.

9. **Celebra los logros de tus amigos:** Reconocer y felicitar sinceramente los éxitos de tus amigos, ya sean grandes o pequeños, demuestra tu apoyo y tu interés real por su

bienestar y su felicidad. Celebrar juntos refuerza el sentimiento de camaradería y refleja el valor que das a su amistad.

10. **Mantén el contacto con los que están más alejados:** Hacer un esfuerzo por comunicarnos regularmente con amigos, aunque sea a través del móvil. Este hábito es fundamental para mantener la conexión incluso en la distancia. Sin embargo, no reducir la «amistad» a mensajes vía teléfono: las relaciones requieren también presencia física.

11. **Habla con al menos 5 personas al día:** Evita el aislamiento social con interacciones de distinto tipo a lo largo del día. Este hábito fomenta la conexión con el mundo que nos rodea, mejorando el bienestar emocional y la sensación de pertenencia en la comunidad.

12. **Conoce a los vecinos:** Dicen que tener un vecino cerca es mejor que un amigo lejos.

Relacionarte con los vecinos fortalece el sentido de comunidad y promueve relaciones amistosas y colaborativas que contribuyen a crear un entorno seguro y solidario.

13. **Forma parte de grupos sociales:** Desde tu equipo de fútbol dominical hasta el grupo de WhatsApp del trabajo, incluirte en grupos sociales te conecta con personas que comparten tus intereses y actividades. Este hábito amplia tu red de apoyo y promueve la diversión y la camaradería, enriqueciendo tu vida social y emocional.

14. **Respeta los límites y espacios personales:** Reconocer y respetar los límites individuales de tus amigos es fundamental para mantener una relación saludable. Eso incluye preguntar antes de ir a su casa, hacer caso a posibles señales de incomodidad, evitar presionar a alguien para participar en algo si no quiere, etc.

8. Hábitos recreativos

Entendemos por hábitos recreativos todas aquellas actividades y prácticas que promueven el bienestar físico, mental y emocional, así como la diversión, durante el tiempo libre y de descanso.

Todos estos hábitos incluyen actividades que nos permiten relajarnos, divertirnos y explorar nuevas pasiones, y son esenciales para mantener un equilibrio saludable entre el trabajo, las obligaciones y la vida personal. Cuando dedicamos tiempo a hobbies, deportes o cualquier forma de recreación, protegemos nuestro bienestar mental y físico. Los hábitos de ocio no solo reducen el estrés, sino que también potencian nuestra creatividad, lo que resulta vital para una vida plena y satisfactoria.

Aquí van algunos de los principales:

1. **Hacer escapadas a la naturaleza:** El contacto con la naturaleza revitaliza el cuerpo y la mente, y nos libera el estrés urbano. Cualquier actividad al aire libre promueve el ejercicio físico y mejora la salud y el bienestar general.

2. **Realizar actividades manuales y creativas:** Ya sea tocar un instrumento, escribir, hacer bricolaje o aprender maquillaje artístico. Este tipo de actividades son una salida expresiva y terapéutica que promueve la relajación y el desarrollo personal.

3. **Hacer ejercicio regular:** Este hábito es imprescindible para nuestra salud física y mental. Ya sea solo o en compañía, el deporte nos ayuda a mantenernos en forma,

reducir el estrés y mejorar nuestro estado de ánimo.

4. **Integrar nuestras actividades de ocio con nuestros valores**: Es importante que nuestro tiempo libre se llene con actividades alineadas con nuestra forma de entender la vida. Este hábito nos ayuda a vivir de manera coherente y auténtica, cultivando una sensación de propósito y significado en nuestra vida diaria.

5. **Crear un espacio de relajación en casa**: Tener un refugio dentro de nuestro refugio es una excelente manera de desconectar del estrés diario y recargar energías. Este santuario personal nos ayuda a encontrar paz y serenidad, promoviendo el bienestar emocional y la tranquilidad.

6. **Interesarse por las tradiciones y la cultura local:** Aprender algo de la historia de nuestra ciudad o pueblo nos conecta con nuestras

raíces y nuestra comunidad. Esta práctica promueve el orgullo y el sentido de pertenencia, enriqueciendo nuestra comprensión del lugar donde vivimos y fortaleciendo nuestra identidad cultural.

7. **Interesarse por eventos culturales**: Las exposiciones, el teatro, los conciertos, los festivales, las ferias temáticas… Son eventos que enriquecen el alma y amplían horizontes, además de fomentar el aprendizaje y la apreciación del arte y la cultura.

8. **Viajar:** Este hábito es imprescindible para el desarrollo personal, y es asequible a todo el mundo, cada cual dentro de sus posibilidades. Explorar nuevos lugares y culturas ofrece experiencias enriquecedoras y memorables, promoviendo la conexión con el mundo que nos rodea.

9. **Leer:** La lectura es una ventana al conocimiento y a la imaginación. Ya sea

disfrutando de novelas, poesía o blogs de viajes, la lectura nutre la mente y el alma, promoviendo la introspección, el tiempo de ocio de calidad y el aprendizaje continuo.

10. **Practicar el autocuidado:** Cuidar de nosotros mismos es esencial para nuestro bienestar integral. Ir a la peluquería, hacernos un masaje relajante o revisar nuestra ropa nos ayuda a sentirnos bien con nosotros mismos y a mantener una imagen física positiva.

11. **Participar en actividades solidarias:** Contribuir a la comunidad nos conecta con un propósito más grande y nos brinda satisfacción personal. Las actividades altruistas como donar sangre o las marchas solidarias fortalecen nuestro sentido de pertenencia y promueven el bienestar emocional.

12. **Interactuar con animales:** Cuidar de mascotas o participar en actividades en

santuarios animales nos proporciona alegría y conexión emocional, promoviendo la empatía y la compasión hacia otras formas de vida.

13. **Llevar un diario:** Este hábito nos permite reflexionar sobre nuestras experiencias y emociones, y dejarlas por escrito para el futuro. Es una práctica que fomenta la autoconciencia y el crecimiento personal, ayudándonos a procesar nuestras vivencias y a encontrar claridad y dirección en nuestras vidas.

BLOQUE 3: EL RETO

7 pasos y 30 dias para cambiar tu vida

PASO 1:
La Rueda de la Vida

Ahora toca pasar a la acción. Empiezan los primeros 30 días del reto.

Es momento de presentarte la Rueda de la Vida. Se trata de una herramienta que considero imprescindible en el ámbito del crecimiento personal y, en especial, en el ámbito de los hábitos. La usan muchos psicólogos y *coachs* porque permite registrar el progreso de forma muy visual.

La Rueda de la Vida es un círculo dividido en 8 partes, que corresponden a 8 ámbitos esenciales: Salud, Dinero, Amor, Trabajo, Familia, Amistad, Ocio y Desarrollo Personal.

Este círculo, a su vez, se divide en otros 10 círculos interiores que funcionan como escala para poder marcar en cada ámbito ese nivel de satisfacción o eficacia.

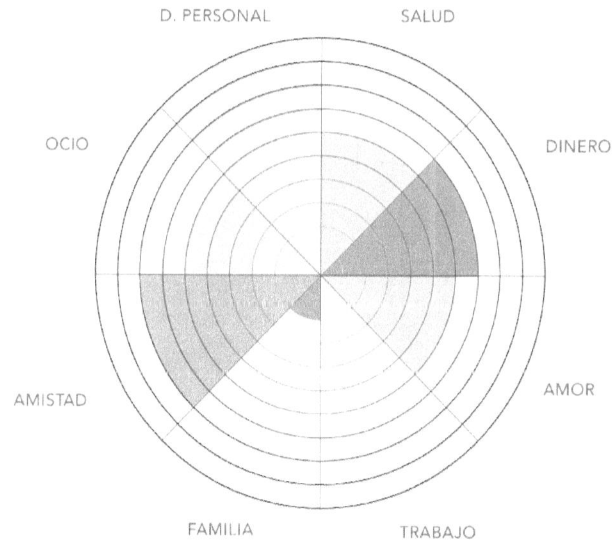

La idea es sencilla: tan solo hay que rellenar o colorear los círculos interiores de cada ámbito según lo satisfechos que estemos con este, empezando por el centro. En el ejemplo anterior, hay un nivel de satisfacción muy alto en el ámbito del Amor, pero insuficiente en el de la Salud.

Tu Rueda de la Vida

En este primer paso del reto, te invito a que reflexiones sobre estos 8 aspectos de tu vida y completes tu propia Rueda de la Vida. Recuerda que debes dar una puntuación a cada uno de ellos y reflejarla marcando o rellenando los círculos interiores, que van del 1 (el círculo más pequeño, en el centro) al 10 (círculo exterior).

MES 0

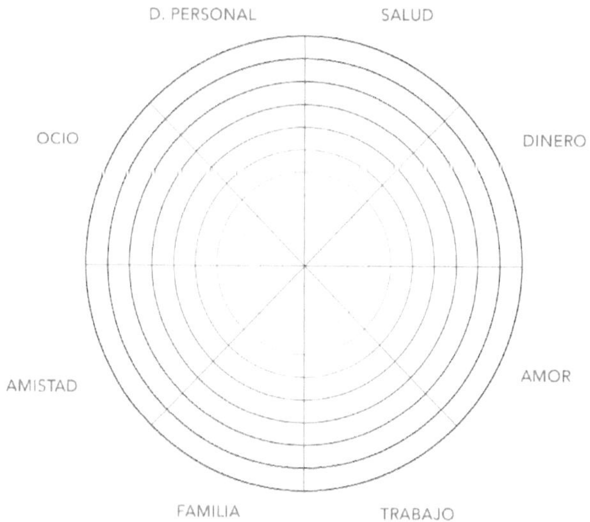

PASO 2:
Elige 1 nuevo hábito

Una vez que has valorado cada uno de los 8 aspectos de tu Rueda de la Vida según lo satisfecho que estés o lo eficiente que te sientas en ese campo, te habrás dado cuenta de qué ámbitos debes mejorar. Tal vez sea cuidarte más (Salud), ahorrar (Dinero), mejorar tu relación de pareja (Amor), etc.

Lo siguiente será relacionar ese aspecto con el hábito que quieres desarrollar para lograrlo (habrá más de uno, por supuesto, pero debes centrarte en uno para empezar). Te propongo que revises el listado de los 101 hábitos del bloque 2 y elijas un hábito relacionado con el aspecto que quieres mejorar en tu vida. Por ejemplo: si se trata de cuidarte (Salud), tal vez un hábito podría ser el que propongo en el puesto #6: Cambia el ascensor por las escaleras.

Seguro que mientras leías los 101 hábitos encontraste algunos que te parecían relativamente sencillos, mientras que otros los veías como algo inalcanzable (al menos por el momento). Asegúrate de elegir un hábito para el que te sientas preparado —ni demasiado fácil, ni demasiado complicado—.

Quizás tú ya tengas muy claro un hábito concreto que no está en el listado. Adelante, lo importante es tu compromiso con él y la conveniencia de introducirlo en tu vida.

¿Ya tienes tu hábito listo?

Ahora lo "único" que tienes que hacer es ser constante con él durante los próximos 30 días. Nada más. Fácil, ¿verdad?

Pues con esto ya tenemos tres de las cinco condiciones imprescindibles de un buen hábito SMART:

1. **Específico (Specific)**: Porque no es lo mismo, ni obtendrás los mismos resultados, si eliges un hábito específico —cambiar el ascensor por las escaleras— que un hábito genérico o ambiguo —hacer más ejercicio—.

2. **Alcanzable (Achievable)**: Porque debes recordar que establecer metas demasiado ambiciosas desde el principio puede llevar a la frustración y a acabar tirando la toalla.

3. **Delimitado en el tiempo (Time-bound)**: Porque está demostrado que 30 días es el tiempo necesario para que el cerebro asimile un nuevo hábito, facilitando así la incorporación de esta nueva práctica en tu rutina diaria.

¿Y qué pasa con las otras dos condiciones de un buen hábito SMART?

¡Vamos a verlo!

PASO 3:
Encuentra tu porqué

Cuando diseñé mi primera Rueda de la Vida, me di cuenta de que mi hogar era lo que más atención necesitaba. Llevaba tiempo descuidándolo, y no porque no supiera cómo cuidar de él, sino, sencillamente, porque ni lo consideraba importante ni me apetecía lo más mínimo ponerme con ello.

¿Por qué lo puse en la rueda, entonces? Porque fue por la época en que llegó la pandemia de COVID y tuve que encerrarme en casa, como todo el mundo. Y, como le sucedió a mucha gente, empecé a «descubrir» el lugar donde vivía. Y empecé a descubrir lo incómodo que resultaba trabajar o relajarme en él, y no porque mi piso fuera pequeño (que lo era), sino porque yo estaba totalmente desconectado de ese espacio. Mi casa era el lugar donde yo iba a dormir y pasaba ratos de vez en cuando, no mi refugio y mi hogar.

Aún así, me costó muchísimo aceptar que eso era un aspecto a mejorar. Veía la necesidad de cambiarlo, pero seguía sin ganas de hacerlo.

Buscando el sentido a lo que hacemos

Creo que muchos de nosotros hacemos lo que hacemos a la espera de una compensación o aprobación externa. Es decir: no nos sentimos identificados con lo que hacemos, solo esperamos que sea lo «correcto» o lo «normal» en nuestro entorno, asumiendo que lo contrario nos acarreará más problemas.

Otras veces hacemos lo que hacemos porque es lo «menos malo». Yo limpiaba la casa cuando ya no tenía más opción, cuando eso era menos doloroso que seguir ignorando que los cristales estaban asquerosos. Ahora me da vergüenza admitirlo, pero era así.

¿Cómo encontrar la motivación suficiente para hacer algo que no consideramos importante o que nos asquea?

La idea es encontrar el fin último, el verdadero porqué. Si se trata de barrer debajo del sofá, tal vez el fin último sea bastante decepcionante: el fin es que quede limpio. Ok. Es poco inspirador, ¿no? Pero si pensamos que mantener la casa limpia forma parte de una estrategia mayor, la cosa podría cambiar. ¿Cuál podría ser esa estrategia mayor? ¿Ser feliz? ¿Tener éxito profesional? Puede ser, pero por encima de todo eso, se trata de CONVERTIRNOS EN LA PERSONA QUE QUEREMOS SER.

Y de esto va precisamente la cuarta condición de un buen hábito SMART: que sea relevante (R de *Relevant*) para ti (¿recuerdas que lo he explicado al final del primer bloque?).

¿Qué significa eso? Que, si es importante para ti, si tiene un sentido y un propósito para ti, es digno de ser un S.M.A.R.T. No importa si a nadie más le parece destacable, o si no conoces a nadie que lo haya hecho antes, no importa lo que digan los libros. Si a ti te importa lograrlo, es un S.M.A.R.T.

Para saber si un hábito es relevante para ti, pregúntate qué te aportaría lograrlo en este momento de tu vida y por qué. Pregúntate si, cuando tengas ochenta años, estarás orgulloso de haberlo logrado. Eso, además, te dará motivación extra.

Ahora te invito a que revises de nuevo el hábito SMART que has elegido y te asegures de que el objetivo de ese hábito contiene la R de relevante. Recuerda que ese objetivo debe estar relacionado contigo, con la persona que tú quieres ser.

Y solo nos quedará comprobar que el hábito que has elegido es medible de forma objetiva, de lo contrario, no será un SMART. ¡Vamos a verlo!

PASO 4:
Registra tu constancia y tu progreso

Ya sabemos que la repetición es lo que convierte una conducta voluntaria en un hábito. Para saber hasta qué punto estamos siendo constantes, es básico tener algún tipo de herramienta que nos permita registrarlo. De esta manera, veremos también de qué forma estamos progresando.

¿Por qué es importante eso? Porque los hábitos SMART, ya lo hemos dicho, deben contener la M de medible (Measurable).

Lo dijo muy bien William Thomson[7]: «Lo que no se define no se puede medir. Lo que no se mide, no se puede mejorar. Lo que no se mejora, se degrada siempre».

Si no medimos el progreso de nuestro camino haca el objetivo, nunca sabremos cuánto nos falta para alcanzarlo, ni si vamos bien o mal encaminados. El que sea medible, además, nos ayuda en otro aspecto: si el objetivo nos parece demasiado lejano en el tiempo, podemos dividirlo en logros más pequeños. Por ejemplo: Si queremos «viajar por todo el mundo», es mejor dividir ese objetivo en objetivos más pequeños, por ejemplo: viajar a tres países distintos este año.

---

[7] William Thomson Kelvin fue un importante físico y matemático británico del siglo XIX.

Es importante recordar que lo que debemos medir es nuestro progreso y nuestras acciones, no el resultado final.

Ahora pregúntate: ¿cómo vas a medir tu hábito?

Ideas para registrar tu constancia y tu progreso

¿Cómo registrar tu constancia? Con lo que te sea más cómodo: un bolígrafo y una libreta de toda la vida, una aplicación móvil específica, un calendario que te permita anotarlo…

Aquí van algunos ejemplos de aplicaciones móviles que me parecen muy útiles:

- HabitBull: Específicamente diseñada para crear hábitos y «no romper la cadena». Es capaz de llevar el tracking de hasta 100 hábitos distintos, aunque mi recomendación es empezar por 1 e ir sumando.

- Loop: Esta aplicación se define como un «analizador de hábitos» que te ayuda a visualizar tu progreso.

- HabitShare: Esta aplicación me gusta por lo que decía de explicar el hábito a alguien o darle nuestra palabra: HabitShare te obliga a publicar y compartir tus avances con familiares y amigos, de modo que obtienes cierta «responsabilidad» adicional.

- Quitzilla: Esta aplicación no está diseñada para implementar nuevos hábitos (en positivo), sino para eliminar los malos (en negativo). Lo que rastrea es cómo te vas «quitando» de los comportamientos tóxicos, desde dejar el café hasta no comprar zapatos por capricho.

- Habitify, Way of Life, Avocation Goal… Hay muchas más «habit trackers» que te recordarán cómo lo llevas y te animarán a no abandonar. ¡Déjate ayudar!

Cuando te acostumbras a medir tus progresos, puedes reconocer con facilidad qué está funcionando y qué es lo que no lo está haciendo y de esta forma podrás saber qué objetivos deben reajustarse o cuáles deben ser añadidos.

Ahora que ya tenemos elegido nuestro hábito y nos hemos asegurado de que podremos tratarlo como hábito SMART (se puede medir, es delimitado en el tiempo, es relevante para nosotros, etc.), vamos a ver algunos aspectos más que también son importantes para lograr nuestros objetivos.

PASO 5:
Define los disparadores

Tras analizar nuestra Rueda de la Vida y darnos cuenta de que necesitamos mejorar nuestra Salud, por ejemplo, hemos decidido empezar a mantener un peso saludable.

Para ello, nuestra primera acción, y la que llevaremos a cabo hasta convertirla en hábito permanente (como mínimo, durante los próximos 30 días), es *deshabituarnos* a tomar bebidas azucaradas. Si llevamos mucho tiempo consumiéndolas de forma habitual, no será fácil. Además, sabemos que esas bebidas son adictivas, es decir, que el cuerpo se acostumbra y reacciona mal cuando no obtiene su dosis de azúcar. Habrá que tener esto en cuenta para no pecar de inocentes o ser demasiado optimistas con los resultados a obtener.

¿Cómo lo hacemos?

Primero, hay que analizar nuestro día a día y descubrir todo lo relacionado con el hábito de tomarlas:

- ¿En qué momentos abrimos una de esas bebidas? ¿En el gimnasio? ¿Al llegar a casa después de trabajar? ¿Con cada comida?

- ¿Por qué empezamos a tomarlas? ¿Por el sabor? ¿Porque son «energizantes»?

- ¿Qué hacemos justo en el momento anterior y el posterior?

- ¿De dónde salen esas bebidas? ¿Las compramos en el supermercado, en máquinas expendedoras de camino al trabajo, en el trabajo, en el cine…?

Una vez analizado el hábito desde que empieza (se dispara) hasta que obtenemos la recompensa (el «bienestar» obtenido por la bebida), hay que pensar en el cambio: ¿Cómo vamos a romper el hábito? ¿Qué podemos hacer en sustitución de esa bebida en concreto o de ese ritual?

Si te propones no consumir una de esas bebidas después de tu partido de pádel, pero el resto de tus compañeros sí lo hacen, quedarte de brazos cruzados en ese momento no será suficiente. Debes pensar estrategias de sustitución. Por ejemplo: llevar una de las botellas de esa bebida, pero rellenada de agua en vez de la bebida original. Eso no es para engañar a los demás, sino a ti mismo. Así, cuando ejecutas el hábito, solo cambias una pequeña parte.

Si tomas bebidas azucaradas en las comidas o a media tarde, trata de eliminarlas de la lista de la compra; o que desaparezcan de la nevera. En su lugar, en la nevera coloca otras cosas: una botella de agua, una manzana, una nota escrita recordando el reto que estamos llevando a cabo, etc. Si tienes esa bebida asociada a una comida en concreto, tendrás que prescindir también de esa comida.

Trucos y recursos

Como ves, hay que tirar de imaginación para apuntalar los nuevos hábitos. Comparto aquí algunas de las tácticas descubiertas por mis pacientes:

- **Colocación estratégica de objetos:** Una paciente que quería introducir el hábito del gimnasio después del trabajo colocaba su bolsa de deporte preparada EN MITAD DEL PASILLO cuando se iba a trabajar. Así, al volver, en cuanto abría la puerta, se la encontraba y recordaba su compromiso. Así era más difícil que se entretuviera con otras cosas o que la pereza la ganara. Otro cliente que nunca se acordaba de beber agua y tenía problemas de riñón, se colocaba botellas de agua por todas partes, a la vista, incluso encima de la lavadora. Otro que siempre estaba demasiado cansado para cocinar se dejaba una bandeja de fruta ya pelada y lista para comer en el estante más visible de la nevera.

- **Recordatorios:** Utilizar alarmas, notas pegadas, agendas o aplicaciones móviles para recordarnos las cosas.

- **Técnica del primer minuto:** Cuando una tarea es muy tediosa o aburrida, no pensar en ella AL COMPLETO, sino centrarnos solo en el primer minuto. Si tenemos que revisar facturas durante dos horas seguidas cada viernes, pensar solo en la acción de abrir la primera carpeta de facturas. Solo eso. Una vez la carpeta está abierta, será más difícil abandonar porque «ya estamos puestos en ello».

- **Solo dos mordiscos o dos sorbos**: En vez de beber la cerveza entera o comer todo el donut o el pastel, darle un par de bocados o de sorbos cortos. El resto, tirarlo a la basura. Con el tiempo, te dará mucha rabia gastar dinero y tirar algo comestible y preferirás no comprarlo.

Todos estos trucos pueden parecer aparatosos, pero solo son necesarios al comienzo: una vez asumido el hábito, nuestro cerebro nos lo pondrá mucho más fácil.

PASO 6:
Evita las tentaciones

Igual que Ulises sabía que tendría que pasar por la Isla de las Sirenas y que debía estar preparado para no lanzarse al agua al escuchar su canto, tú sabes que algunas situaciones supondrán una tentación para ti. Asumirlo de antemano es el primer paso para blindarnos contra los cantos de sirena.

El problema con las tentaciones es que son muy personales y dependen de circunstancias emocionales, de educación, etc. Lo que a una persona le supone un enorme esfuerzo para evitar esa tentación, a otra persona no le dice absolutamente nada.

Por eso te invites a que pienses qué es lo que debilita tu fuerza de voluntad y tu disciplina a la hora de hacer lo que te habías propuesto. Siguiendo con el ejemplo de las bebidas azucaradas: ¿Es ver el diseño de la botella? ¿Su olor? ¿Es que la tienes vinculada a un plato de comida determinado? ¿A una actividad agradable? ¿Al fin de semana?

A continuación, debes pensar en estrategias para ignorar esas tentaciones. Igual que sucede con los disparadores, deberás tirar de imaginación para encontrar soluciones. A continuación, algunos ejemplos:

- **Dar tu palabra**: Busca a alguien de confianza y explícale lo que quieres lograr. En este caso, no tomar más bebidas azucaradas. Comprometer tu orgullo te ayudarán a continuar.

- **Rodéate de la gente adecuada:** El comportamiento es contagioso. Rodéate de gente que te aporte y a quien puedas aportar, y sentirás la diferencia. No es necesario que renuncies a tus amigos por gente que no bebe latas, pero si tu objetivo a largo plazo es cuidar tu salud y nadie más a tu alrededor se preocupa por ello, te sentirás muy solo en tu esfuerzo.

- **Apuesta dinero**: Decide una cantidad de dinero que te moleste perder y renuncia a ella cada vez que falles. Puedes regalarle el dinero al vecino que te cae mal, al club rival de tu equipo… debe ser algo que te moleste muchísimo y resígnate a perder ese dinero cada vez que no cumplas.

- **Piensa en una recompensa:** Acuerda contigo mismo que te premiarás si no caes en la tentación. ¡Recuerda que el premio no puede ser contrario a los objetivos!

- **Repite la acción cuando falles:** ¿Habías decidido no beber ni una sola lata hoy y has fallado? Muy bien: ahora vas a beber una al día durante el resto de semana, o hasta que te dé una vergüenza terrible.

Planes de respaldo

Los planes de respaldo son acciones entrenadas mentalmente para hacer frente a una situación que será difícil en términos de tentación. Los psicólogos llaman a esta técnica «intención de implementación», y es algo así como el apuntador de las obras de teatro que susurra a los actores lo que tienen que decir cuando se quedan en blanco en el escenario.

Pongamos que estás a dieta y que llega la Navidad. Sabes que una parte importante de las celebraciones consiste en comer y beber mucho durante. Un posible plan de respaldo es decidir de antemano que solo comerás un plato y una copa en cada reunión social. Debes visualizarte haciendo esto y comentarlo a familiares o compañeros de trabajo de confianza para obtener su apoyo o, por lo menos, no aguantar sus invitaciones a comer y beber más.

Otro posible plan de respaldo en esas situaciones es ponerte alarmas que te recuerden tu compromiso. Si la cena ha empezado a las 21h, una alarma a las 21:45h para «preguntarte» cómo lo llevas o invitarte a parar puede ser una buena idea.

El plan de respaldo debe decidirse en frío, antes de la situación. Eso ayudará a no escuchar la parte emocional del cerebro cuando nos pida más tarta. Recuerda que las tentaciones llegan cuando tienes la guardia bajada, y lo hacen en forma de voz inofensiva: «No pasa nada por saltarte la dieta un día. ¡Es Navidad!».

PASO 7:
Recompénsate

Algunos expertos no están a favor de recompensar los logros. Opinan que el propio logro ya es el premio, y eso ya debería ser suficiente para un adulto. Yo no estoy de acuerdo.

El sistema de recompensas es uno de los recursos más antiguos y efectivos en materia de educación. Es una forma clara y muy visual de enseñar que no es lo mismo hacerlo que no hacerlo; o hacerlo bien que hacerlo mal. Debe haber consecuencias distintas para acciones distintas.

Celebra tus logros

La recompensa es la celebración de un logro. Pero en mi opinión, el esfuerzo, si es auténtico, ya debería ser recompensado. Así que párate de vez en cuando y celebra lo lejos que estás llegando, aunque no hayas conseguido aún el objetivo. ¿Por qué? Aquí te doy algunas razones:

- La celebración tiene un impacto positivo en nuestra autoestima, especialmente si podemos registrarlo en forma de foto o recuerdo para volver a él en momentos de desánimo.

- Celebrar un logro o un esfuerzo lo da a conocer a los demás y genera la oportunidad tanto de recibir elogios de otra gente como de inspirar con el ejemplo, cosas muy gratificantes.

- Celebrar un logro o esfuerzo afianza nuestra confianza en el plan y en la estrategia adoptados.

- Celebrar los logros o esfuerzos nos prepara para la siguiente acción de forma mucho más positiva que si nuestro esfuerzo pasa desapercibido.

- La celebración de pequeños objetivos nos anima a atrevernos con retos mayores.

¿Cómo celebrar un logro?

Ya he dicho que muchos expertos están en contra de recompensas y celebraciones porque, para la mayoría dc nosotros, celebrar es sinónimo de comprar algo. Y tienen parte de razón.

Ante un logro, enseguida nos compensamos con algo material o placentero; cuando celebrar debería ser más bien un acto de gratitud hacia nosotros mismos. Dicho esto, en mi opinión también es importante regalarnos algo real y tangible. Estoy de acuerdo en moderar las compras y el entretenimiento vacío, pero no pasa nada por pasarlo bien o darnos caprichos de vez en cuando tras conseguir un reto del que estamos orgullosos porque lo hemos luchado a fondo.

La única condición es que la recompensa o el premio no vaya en contra del propio hábito. Si has decidido acostumbrarte a cenar verdura cada noche, no te premies con una pizza familiar con triple de queso para celebrar que lo has conseguido.

Mi consejo: ser conscientes de por qué nos regalamos algo y tratar de que ese algo se traduzca en momentos de felicidad. Si nos compramos una chaqueta nueva, el regalo no es la chaqueta, es sentirnos bien cada vez que nos la ponemos y recordar el esfuerzo que hicimos para conseguir ese logro.

¿Qué pasa ahora?

Ya hemos llegado al final de este tercer bloque. Con esto me refiero a que ya tenemos todo lo necesario para garantizar la implantación de nuestro nuevo hábito en nuestra vida actual. Sabemos cómo hacerlo y sabemos qué dificultades podemos encontrarnos, así como qué recursos podemos usar para no abandonar y ser constantes.

Ahora solo hay que elegir una fecha y empezar con el primer hábito. Yo recomiendo empezar el primer día del mes (el día 1), o el día 15. A partir de ahí, hay que concienciarse para repetirlo cada día durante los siguientes 30 días.

¿Qué pasa a continuación? Que, si lo hemos hecho correctamente, ese hábito ya forma parte de nuestra vida. Entonces solo nos queda volver a los hábitos, elegir el siguiente y ponerlo en práctica. De este modo, poco a poco, iremos llenando nuestra vida de los hábitos que nos permitirán ser esa persona que queremos, ser nuestra mejor versión.

Antes de pasar página, te pido una cosa: no sigas leyendo hasta que no hayas puesto en práctica tu primer hábito durante 30 días. Es importante hacerlo así para comprobar que has asimilado el proceso. Aunque yo estoy seguro de que lo vas a lograr. Confía en ti y en el proceso, y te prometo que tu vida cambiará por completo.

IMPORTANTE

No sigas leyendo hasta haber completado los 30 días

La magia de los Hábitos SMART

Al final del bloque anterior te pedía que no pasaras página hasta que no hubieras completado tus primeros 30 días con un hábito. Tenía sentido que te lo pidiera y ahora te explicaré por qué.

Antes, déjame felicitarte por tu primer logro. Te felicito porque te has tomado en serio la implantación del primer hábito y has confiado en el método. Y sé que vas a adquirir el compromiso, si no lo has hecho ya, de continuar. Es lo mejor que puedes hacer. ENHORABUENA.

Ahora debo pedirte que no te detengas: te invito a que completes una nueva Rueda de la

Vida. Cuando lo hagas, evalúa las diferencias con la primera, la que completaste hace 30 días.

La razón es simple, y tú mismo/a te habrás dado cuenta: muchos pacientes han dado un giro radical solo con el primer hábito, porque comprenden que PUEDEN LOGRAR LO QUE SE PROPONGAN.

Pero la magia del método está en repetir el proceso todos los meses, eligiendo un nuevo hábito cada mes: primero hay que completar una nueva Rueda de la Vida y luego elegir un hábito del ámbito con menor puntuación, o el que sea más importante en este momento de tu vida para ti.

Con el tiempo, verás que cada vez TE SERÁ MÁS FÁCIL introducir un nuevo hábito en tu vida. ¡Es la única manera!

Y para facilitarte la tarea, he preparado una Rueda de la Vida para cada uno de los siguientes

12 meses. Así que, si ya está sorprendido con los resultados de los primeros 30 días, no puedes ni imaginarte cómo será su vida dentro de 12 meses. Dentro de un año, compara tu primera Rueda de la Vida con la última: ¡creerás que no eres ni la misma persona!

Despedida y últimas reflexiones

No puedo decir que este libro es infalible, porque todo lo que es humano puede fallar. Pero sí puedo asegurarte que ha cambiado la vida de muchas personas y que lo ha hecho porque el método presentado es válido y funciona.

En cuanto empieces a sentir que eres alguien mejor que tu yo de hace 12 meses, entenderás por qué insisto tanto en centrarnos en los hábitos SMART más que en los grandes planes y objetivos: porque SON EL CAMINO.

Así que, usando la famosa frase de El Mago de Oz: ¡Sigue el camino de baldosas amarillas!

No rompas la cadena. Nos vemos en ruta.

Un abrazo,

Daniel

TUS PRÓXIMOS 12 MESES

MES 1

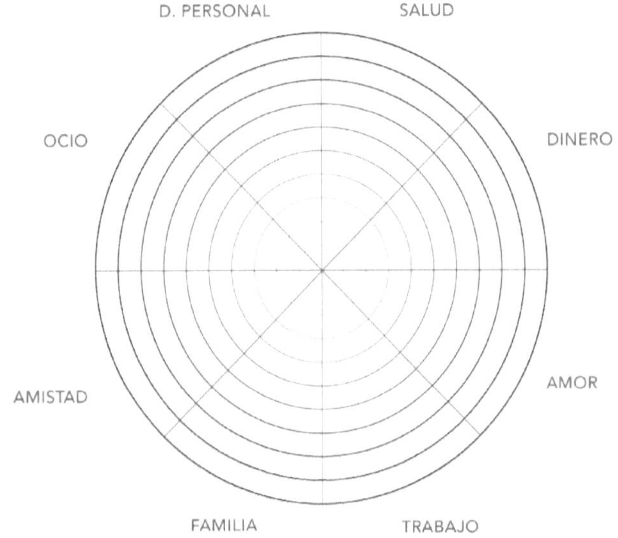

MES 2

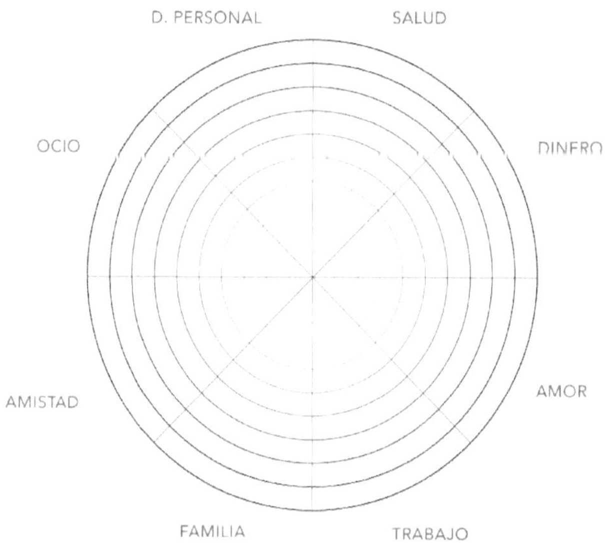

MES 3

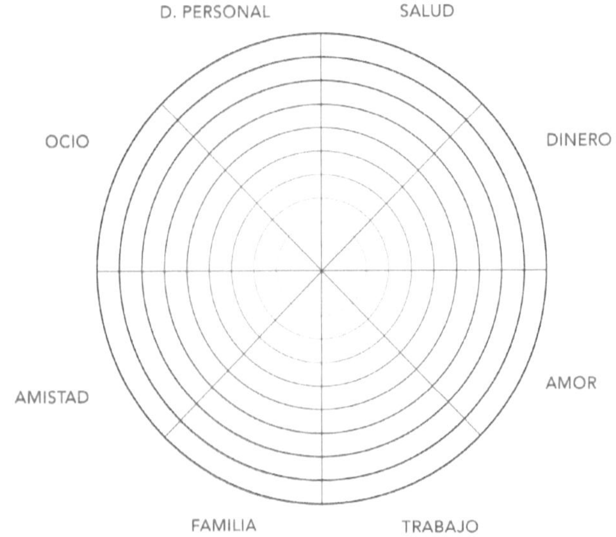

MES 4

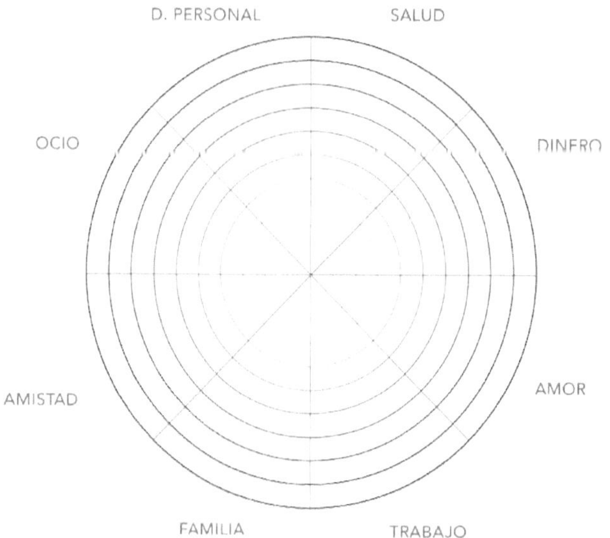

MES 5

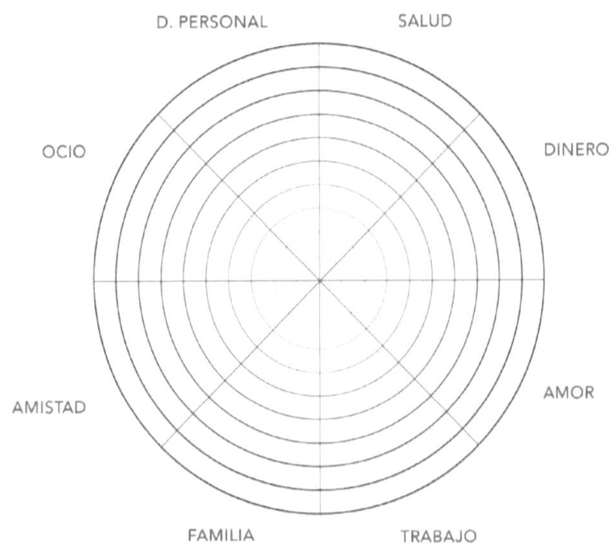

MES 6

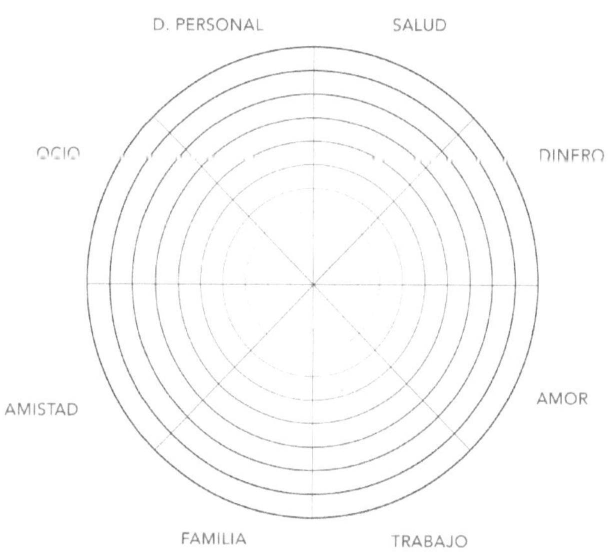

MES 7

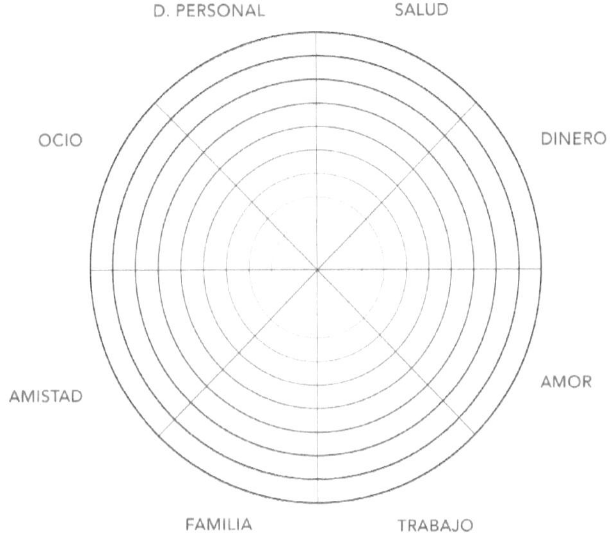

MES 8

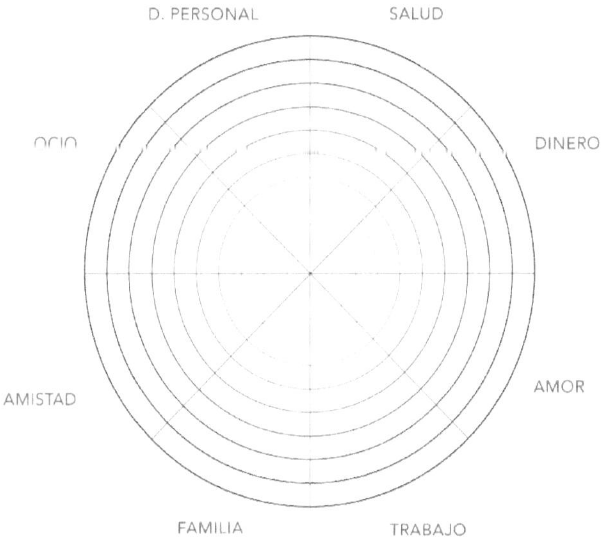

MES 9

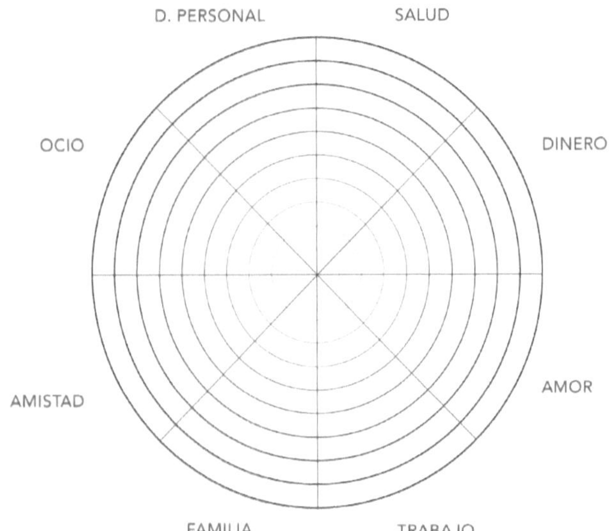

MES 10

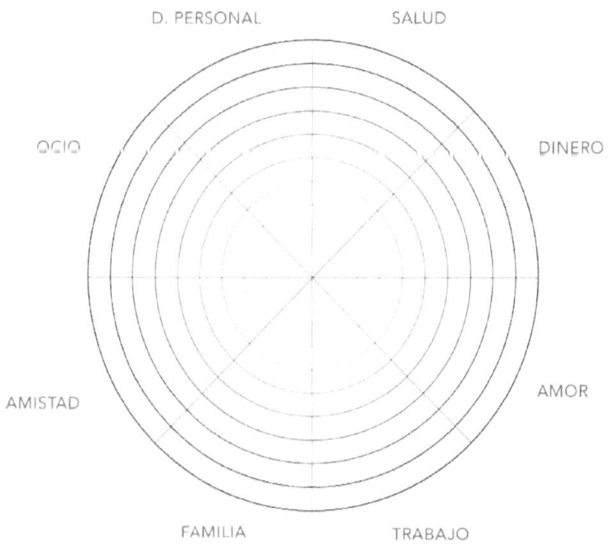

MES 11

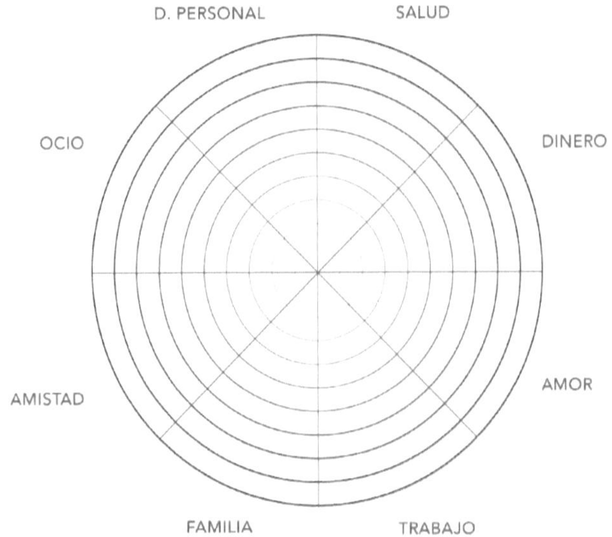

MES 12

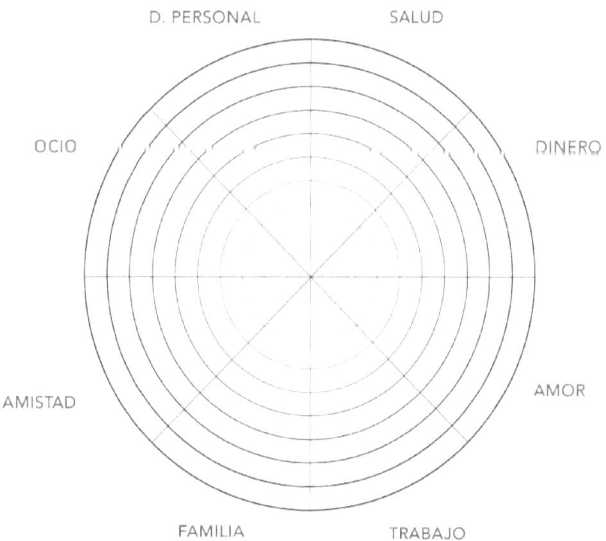

Tu opinión es muy importante

Como autor independiente, tu opinión es muy importante para mí y para los futuros lectores como tú.

Te estaría enormemente agradecido si me dejases **un comentario** en la plataforma donde compraste el libro diciéndome qué te ha parecido **para así poder seguir mejorándolo**:

- ¿Qué es lo que más te ha gustado?
- ¿Hay algo que hayas echado en falta?
- ¿A quién se lo recomendarías?
- ...

Otros libros de Daniel J. Martin